ヤマケイ文庫

ドキュメント
道迷い遭難

Haneda Osamu
羽根田 治

Yamakei Library

ドキュメント　道迷い遭難

目次

カバー写真　石橋睦美
写真提供
高沢山　寺田政晴
麻綿原高原　星野秀樹
地図製作
株式会社　千秋社

南アルプス・荒川三山　一九九九年八月

思い込み

インタビューを始めるにあたって、島田吉彦（仮名・当時五十二歳）は言った。

「忘れたい部分と、覚えておきたい部分があるんで」と。それが本音であることは、インタビューを進めていくうちに実感できた。五年半ほど前の出来事にしては、記憶があやふやな箇所がずいぶんあって、「なるほど、それが忘れたいということなのか」と思ったからだ。

だが、インタビューの最後に、彼はこう尋ねてきた。

「遭難して助かった皆さんは、もう一度、その場所に行ってみたいとおっしゃいませんか？」

その問いに対し、私は「人によります」と答えた。実際に現場へ赴いて事故を検証した人もいる。事故を機に、山登りをぱったりやめてしまった人もいる。あるいは、現場へ行こうとしたものの、気後れして途中で引き返してしまった人もいる。

自分が遭遇した事故とどう向き合うかは、ほんとうに人それぞれなのだ。

「私は、どこでルートを間違ったのかなっていうのを検証したいと、常に思ってます」

と島田は言った。それが覚えておきたい部分。〝覚えておきたい〟というよりは、おそらく〝忘れてはならない〟という意味で、彼はそう言ったのだろう。

腰が痛む、正座ができないなど、事故によるケガの後遺症は残ったものの、島田は山登りを再開し、今後も続けていくつもりでいる。家族からは「もうひとりでは山に行かないように」とクギを刺されているが、たまに行ってしまうこともあるそうだ。ならばなおさら事故の教訓を忘れてはならないはずであり、もちろん本人はそのことをよく自覚している。

「単独行はダメっていうんじゃなくて、そのリスクをよく考えて行動しないとね。ええ、事故を起こす前と比べると、だいぶ慎重になっていると思いますよ」

一九九九（平成十一）年八月十二日の早朝、前夜のうちに自宅を出た島田は、鳥倉林道終点の駐車場に車を停め、三伏峠への道をたどりはじめた。

島田が山登りを始めたのは二十代のころである。山好きの仲間数人と、無雪期の丹沢や秩父、谷川岳などの尾根筋をもっぱら日帰りで巡り歩いていた。だが、それも四、五年間の話。徐々に仕事が忙しくなってきて、山からはおのずと足が遠のいていった。

再び山にもどってきたのは、長いブランク後の四十代半ばになってからである。高校の山岳部に入部した息子に刺激されたのがきっかけだった。昔通った山々のほか、日光白根山や南アルプスの甲斐駒、仙丈ヶ岳、北岳、塩見岳などを山仲間といっしょに、ときにはひとりで歩いた。南アルプスへの山行が多いのは、「森林限界前後の標高の尾根歩きが好きだから」だという。

この時点では、山登りを再開して七、八年が経っていた。めざすは荒川三山の悪沢岳（東岳）。以前、塩見岳に登ったときに、漠然と「次は悪沢岳だな」と決めていた。しかし、仕事が忙しくてなかなか休みの都合がつかず、前年も登山口までは来たものの、周辺を偵察するだけで終わっていた。それがこの年になってようやく実現したのだった。

出発時、登山口のポストに入れた計画書には、三伏峠から小河内岳、板屋岳を経由して荒川三山に登り、同じコースをもどってくると記入した。が、天気と体調がよければ赤石岳まで足を延ばし、小渋に下りることも想定していた。そうなった場合、乗ってきた車をピックアップできなくなる可能性もあるので、〈縦走する予定なので車を置きっぱなしにしますが、一週間後にまた取りにきます〉と書いたメモを、フロントガラス越しに見えるところに置いてきた。

行程は、テントまたは避難小屋泊まりの三泊四日。装備は極力切り詰め、二人用のテントにシュラフ、五日分の食料、それに若干の着替えなどを約四五リットルのザックに詰め込んだ。島田はアマチュア無線の免許を持っていて、トランシーバーを持つか持たないか最後まで迷ったが、軽量化を優先させ、結局、置いていくことにした。この判断をあとで悔やむことになろうとは、まさかこのときには思いもしなかった。

十二日の天気はまずまずで、小河内岳の避難小屋には夕方到着した。一階は先着の登山者ですでにいっぱいになっていたため、途中でいっしょになった単独行の若い男性とともに二階の屋根裏部屋に寝るスペースを確保した。その男性に明日の予

2km
豊口山
2231
鳥倉林道
登山口
8/12入山
三伏峠
三伏峠小屋
烏帽子岳
2726
中俣
前小河内岳
2784
小河内岳
2802
小河内岳避難小屋
8/12
小西俣
小日影山
2505
大日影山
板屋岳
2646
板屋沢
小渋へ
高山裏避難小屋
高山
2293
悪沢岳
(東岳)
3141
千枚岳へ
荒川三山
中岳
3083
3068
前岳
小渋川
高山沢
井戸川
荒川
テント泊
8/13
荒川小屋
広河原小屋
大聖寺平
キタ沢
福川
本岳沢
発見場所
8/14〜8/22
小赤石岳
3081
赤石小屋分岐
赤石岳
3120
赤石岳避難小屋
赤石小屋
百間洞 山ノ家
百間平
椹島へ

定を聞くと、「朝の三時ごろ出発して、来たコースをもどる」という話だったので、「じゃあ、いっしょに出よう」ということになった。

翌朝、ふたりは三時過ぎに小屋を出た。小屋の前で「じゃあ気をつけて」と言葉を交わし、島田は縦走路を南へたどりはじめた。まだ夜は明け切っておらず、足元をヘッドランプの明かりが照らし出した。闇のなか、小西俣を隔てた荒川三山の方向には雷が何度も光るのが見えた。そのうち薄明るくなってくると、稜線上の登山道にライチョウが何羽も姿を現わした。それを見て、「ああ、ライチョウがいっぱいいるんだ」と思ったことが、島田の記憶に強く残っている。

高山裏避難小屋には七時から八時の間に着いた。朝からなにも食べていなかったので、コンビニで買っておいたおにぎりをここで食べて朝食とした。

そのころからポツポツと雨が落ち出した。しばらくは大した降りではなく、ウインドブレーカーを羽織ってしのいでいたが、雨足は徐々に強くなり、前岳の分岐に到着した十一時ごろには本降りとなっていた。

分岐には悪沢岳を往復する登山者のザックがすでにいくつかデポしてあった。島田もそれにならい、小さなアタックザックに貴重品と必要なものだけを入れ、雨具を着込んで悪沢岳を往復してきた。

ずっと登ってみたいと思っていた山だったが、あいにくの天気で展望はきかず、ガスのなかでピークを踏んできたという事実だけが残った。

この日の宿泊地は荒川小屋である。当初は小屋に泊まるつもりでいたが、午後四時ごろに到着したときにはすでに満杯状態だったので、テントを張ることにした。雨のなかでテントを張るのはあまり気乗りはしなかったが、ギュウギュウ詰めの小屋で寝るよりはテントのほうがはるかに落ち着けるように思えた。早朝から行動していて疲れていたせいであろう、テントを叩く雨音もほとんど気にならず、その夜はぐっすりと眠ることができた。

雨は翌朝になっても上がっていなかった。しばらくどうしようか考えていたが、結局、赤石岳まで行くのはやめにして、小渋に下りることにした。

登山届には〈往路をもどる〉と書いておいたが、雨のなか、まったく同じルートを引き返す気にはなれず、早く下山して楽したほうがいいだろうと考えた。もし往路をもどるとすれば、途中でもう一泊しなければならず、帰宅するのは明日になる。しかし、明日は諏訪湖で花火大会があり、高速道路の渋滞に巻き込まれる可能性があった。それを避けたかったから、今日中に下山してしまおうと判断したのだった。

また、小渋に車を置いている人とうまく同行できれば、途中まで送ってもらえるかもしれないという、虫のいい考えもあった。そう都合よくいかなくても、タクシーを呼んで鳥倉林道の駐車場まで行き、自分の車をピックアップして帰ればいいと思っていた。

赤石岳まで行くか行かないか迷ってモタモタしていたため、テントを畳んで行動を開始したときはすでに九時近くになっていた。小渋へは沢沿いのルートとなるので、出発前に小屋で「増水の心配はないか」といちおう聞いてみた。管理人は、小屋の裏手の水溜りを見て、「これぐらいだったら、たぶん大丈夫でしょう」と答えた。

この日、丹沢の玄倉川でキャンパー十三人が大雨による増水で死亡したという話を島田が聞いたのは、後日のことである。

大聖寺平からはひたすら樹林帯のなかを下っていった。途中、単独行の登山者二、三人とすれ違った。そのたびに「小渋川は増水していましたか」と聞いてみたが、いずれも「いや、今のところ大丈夫ですよ」という答えが返ってきた。

もう間もなくで広河原小屋というところに差し掛かったのが昼近く。地図上で見ると、正しいルートはこのあたりから右へ迂回するようにいったん上がっていっている。あとでよく考えてみて、「たぶんここで道を間違えたんだろう」と島田は言う。雨水が真っ直ぐ流れている水路がルートのように見え、そちらに踏み込んでいってしまったのである。

このとき、「あれ？　おかしいな」という疑念が一瞬頭に浮かんだという。だが、次の瞬間には「ルートはこっちだな」と思い込んでいた。

「雨が降っていましたよね。地図を出すのも億劫《おっくう》だったたし、目が悪いもんだから、薄暗い樹林帯のなかでは地図の細かい字が見えないんです。メガネも曇っちゃっていましたし。だから自分では気をつけてルートを確認しながら行っているつもりだったんだけど、やっぱり間違っちゃったんですね」

間違えて入り込んでいったルートは、間もなくして右へ左へと曲がりくねるようになった。それを忠実にたどるのが煩わしく、ショートカットして真っ直ぐ進んだ。

だが、容易には登り返せないような斜面を下り、シカかなにかの動物の糞があちこちにいくつもあるのを見るに至り、さすがに「あ、これは道を間違ったな」と気がついた。

「でも、『いいや、広河原小屋までもうすぐだろうから、このまま下りちゃえ』と。雨も降っていたし、その時点ではどこで道を間違えたのかわからなかったし、強引に下りてきちゃったところを登り返すのも億劫でしたから」

道迷い遭難に陥る、まさに典型的なパターンである。

沢の下降

しばらく下っていくと沢に出た。そこには人の足跡があった。これをたどっていけば大丈夫だろうと思い、そのまま沢を下っていった。ところがいつの間にか足跡は消え、とうとう滝に行き当たってしまった。

滝の高さは二メートルほどで、たまたま滝のすぐ横にワイヤーが垂れていた。それを手掛かりにすればなんとか下に足が届きそうだった。滝の流れもそれほど強そうには見えなかった。ここから岩でも切り出していたのだろうかと思いながら（実際は木を伐り出すときに使われていたワイヤー。昭和初期のころ、このあたりは木の伐り出し場となっていた）、島田はワイヤーをつかんで足先を流れの中のスタンスに置いた。そのとき、流れの勢いに持っていかれるような形で足をズルッと滑らせた。幸い足が下に届いていて落ちずにすんだが、ワイヤーを握っていた右手の掌をすっぱりと切ってしまった。かなりの出血に、「あ、やっちゃったな」と思いながら、島田は慌ててバンダナを掌にグルグルと巻きつけた。

しかし、問題は手の傷ではなかった。島田が立っていたのは、滝の途中にあるテラスの上だった。そこから下に落ち込んでいる滝の行く手は見えず、下がどうなっているのか、どれくらいの高さの滝なのかはまったくわからなかった。横には大きな岩が行く手を阻んでいた。傷ついた手では、下りてきたところを登り返すこともできそうになかった。

行き場は、どこにもなかった。

「で、どうしようかと考えたんですが、考えたって始まりませんよね。上へも横へも行けないんだから、下りていくしかないわけです。で、雨も降っているし、増水してきたらどうせ流されてしまうだろうと思ったんで、滝を飛び下りることにしたんです。ザックを背負っているから背中は打たないだろうし、下には滝壺があるはずだから、真っ直ぐ落ちればたぶん滝壺に入るんじゃないかなと……」

まさに無謀としかいいようがない決断である。もし滝の途中に岩が出っ張っていたら、そこにぶつかって頭から落ちていったら、そして背が立つほどの浅い滝壺だったら、と考えなかったのだろうか。そのときに自分がどうなっているのかを、想像しなかったのだろうか。この決断を振り返って、島田はこう言う。

「自分では冷静に判断したつもりなんですけど、今考えると自殺行為ですよね。そういう状況まで行っちゃったら、ほんとうはもうダメなんでしょう。その前の段階でルートを登り返していないと」

窮地に陥ったときの人間の心理とは、えてしてそんなものなのだろう。自分ではよく考えてベストの選択をしたと思っているかもしれない。しかし、のっぴきならぬ状況のなかで、自覚しないまま平常心は失われ、いつしか冷静な判断ができなくなっている。それが道迷い遭難のいちばん怖いところだと思う。

とにかく島田は飛び下りるのが最善と信じ、それを実行に移した。意を決して滝の上から流れに身を投じ、うまい具合にどこにもぶつからず足先から落ちていった。

あとでわかったことだが、滝の高さは五メートルほどだった。思惑どおり、体は滝壺の中にスポンとはまったかに思えた。だが、次の瞬間、左足にズキンという痛みが走った。

幸い滝壺は背丈以上の深さがあり、水中で回転しながら水面へ浮上することができた。島田にはカヤックの経験があり、このときの感覚はカヤックが〝沈〟して水中でクルッと一回転するときとそっくりだったという。どうにか岸にたどり着き、体を陸の上に引き上げた。左足はずっと痺《しび》れたままで、地面に触れただけで強烈な痛みが脳天を突き抜けた。

「おそらく水中に岩があって、そこにぶつかったんだと思います。ええ、折れているなと思いましたね。左足はもうダメだな、と」

あたりを見回してみると、数メートル離れたところにテントが張れそうなスペースがあった。なんとか動けるうちにテントを張ってしまおうと思い、膝をつきながら這ってそこまで行き、四苦八苦してテントを立ち上げた。そうしているうちに足の痛みが我慢できないくらいにひどくなってきた。靴を脱いでみると、左足先全体が大きく腫れ上がっていた。あまりの痛みにじっとしていられなくなり、再び沢の縁まで這っていって流れに足を突っ込んだ。沢の水で冷やしていると感覚がなくなってきて、痛みもいくぶん和らいだ。

足を冷やしながら考えたのは、「これからどうしようか」ということだった。といっても、歩けないのだからどうにもならない。足の痛みがとれて動けるようになるまで、ここで寝泊まりするしかないと、覚悟を決めた。

万事休す

翌十五日からは天気は回復した。滝壺に飛び込んだときにザックの中の荷物を濡らしてしまっていたので、シュラフや着替えなどは日の当たるところに広げて乾かした。もっとも、ビバークしていた場所は滝のすぐそばで、絶えず水煙が舞っていてなにもかもが常に湿っぽかった。ラジオとヘッドランプは水に濡れて使いものにならなくなっていた。

ビバークがどれぐらい長引くのか、皆目見当もつかなかった。残っていた食料は二日分、それにガスコンロのカートリッジがふたつ。周囲に食べられそうな野草などはなにもなく、あるものを少しずつ食べつないでもたせるつもりだった。

十八日までは足の痛みがひどく、ほとんどその場を動けなかった。痛みを我慢できなくなると、沢の縁まで這っていって足を水で冷やした。夜は冷え込んだが、寒さよりも痛さのほうが辛かった。登山者のヘッドランプの明かりでも見えないものかと淡い期待を抱き、時折、テントの出入り口から顔を出してみたが、外には漆黒の闇が広がっているだけだった。

その闇のなかで痛みに耐えながら、ひたすら時間が経つのを待った。外部からもたらされる情報は沢の水音のみ。それが耳について、夜はよけいに眠れなかった。そのぶん、昼間によくウトウトした。寒いときはテントの中に入っていたが、天気のいいときは外に出て、日が当たるところでまどろんだ。

予定では、遅くとも十五日に帰宅しているはずだった。お盆休みは十六日まで。仕事は十七日から始まっていた。家を出るときに山行計画のメモを置いてきたから、いくらなんでも家族が騒ぎ出しているはずだった。四日間が過ぎても足の痛みが引かず、自力で行動できない以上、できるのはただその場で救助を待つことだけだった。家族の届け出を受ければ警察も捜索を開始する。そのことに期待をかけた。

一方で、自力での脱出を考えなかったわけではない。ビバーク地点のすぐ下には高さ一〇メートルほどの滝があり、さらにその下で別の沢が合流していた。そうした周囲の地形と持っていた地図とを見比べてみて、そこが本岳沢と福川の合流点近くであるということはだいたい見当がついていた。

もし動けるようになったらどこから脱出するか。下には滝があるので下ることはできない。対岸の山の斜面を登って正しいルートに出ることも考えたが、そのためには沢を泳いで渡るしかなく、流される危険があった。唯一、可能性がありそうなのは、飛び下りた滝の左岸の斜面を巻くようにして登っていき、間違えたルートを逆にたどっていくことだった。

そのときにテントのポールをアブミのように使って急斜面を上がっていけないものか。負傷した踵が直接地面につかないように足に棒をくくりつけてみたらどうだろうか。ほとんど動くことができない体では、こうした脱出方法のシミュレーションを幾度も幾度も頭の中で繰り返すことぐらいしか、長い長い時間をやりすごす手立てはなかった。

だが、最終的に落ち着くところはいつも同じ、なにをするにしてもまず足の痛みをとるのが先決だ、という結論であった。

島田が迷い込んだ本岳沢を上空から俯瞰する

それを考え始めると、自分のミスがつくづく悔やまれた。

「あそこでもうちょっと慎重に行動していれば、こういう結果にならなかったなあとか、どうしても考えちゃいますよね。ありきたりのことなんだろうけど、『おかしいな』と思ったら、早い時点で来た道をもどると。〝～だろう〟という憶測で進んでいくと、〝～だろう〟じゃなくなったときに、もうどうしようもなくなっているんです。でも、それぞれの場面でどうしようか判断してこういう結果になったわけですよね。ということは、自分の性格に問題があるのかなあとか思ったりもしました」

空が真っ青に晴れ渡ったある日、はるか上空を飛んでいく飛行機がキラキラと光って見えた。飛行機には何百人もの人が乗っているはずだった。ビジネスマンもいれば旅行者もいるだろう。里帰りの人もいるかもしれない。今まさに頭の上を通りすぎていこうとしている飛行機の中の人たちのことを思うと、山中で動けなくなっている自分の境遇が惨めに感じられて仕方なかった。

「そのときばかりはしみじみと考えてしまいましたね。立場の差っていうものを」

食料は、チューブ入りのコンデンスミルクが最後に残った。それを沸かした湯に少しずつ溶かして飲んでいた。しかし、ミルクも燃料も八月十九日にすべてなくなった。以降、島田は沢の水だけを飲んで過ごすことになる。

八月十九日の何時ごろだったかは覚えていない。テントの中で横になっていたときに、ヘリコプターのローター音が聞こえてきた。最初は幻聴かと思った。というのも、絶え間なしに聞こえてくる沢の流れの音がヘリの音のように聞こえ、それまでにも何度か外に飛び出していったことがあったからだ。

だが、今度は幻聴ではなかった。まぎれもないヘリコプターの音を確認し、慌ててテントの外に出てみると、距離は離れていたが、山の稜線の上を飛んでいるヘリが見えた。急いで足場のいいところまで這っていき、そこで手を振ろうとしたときに、ヘリは山の向こう側に姿を隠してしまった。

そのときは「見えなかったんだからしょうがないな」と思うようにした。少なくとも自分を捜してくれていることがはっきりしたので、心強くもあった。しかし、翌日も飛んできたヘリに発見されなかったときには、さすがに落胆した。

「二回飛んできて、二回とも見つけてもらえなかったので、ヘリでは見つけてもらえないなと思いました。あとは捜索隊が下から上がってくるか、登山者か地元の人が通りかかるかしないとダメだなって」

ヘリに発見してもらうには、なにかを燃やして煙を出すのがいちばんだといわれているが、「それは思いつかなかった」という。

「でも、枯れ草や枯木も全然なかったし、身の周りにあるのは濡れているものばかりでしたから。絶え間なく滝の飛沫があったもんで……。あとで『テントを燃やせばよかったじゃないか』って言われたけど、やっぱり勇気が要りますよね。それでもし見つけてもらえなかったら大変だし」

この日、ヘリが去ったあと、島田は持っていたドリンク剤の空きビンやペットボトルに、居場所と名前と連絡先、それに「捜索をお願いします」と書いたメモを入れて沢に流した。ボトルは急流に揉まれながら、瞬く間に滝の飛沫の中へと消えていった。とにかく誰かに見つけてもらわなければ、という一心だった。

捜索のヘリコプターに二回とも発見されなかったこと、食料も尽きたことから、島田の気持ちはこのまま救助を待つか、それとも自力脱出を試みるかの間で揺れ動いていた。

翌二十一日、脱出ルートを偵察するため、以前から目星を付けていたビバーク地点の左岸斜面を這い上がってみた。荷物を背負っていたら無理かもしれなかったが、空身だったのでどうにかなった。一〇メートルほど登ったところはテラスのような草付となっていて、その上もなんとか上がっていけそうに思えた。

結局、二十一日はヘリも姿を現わさず、「ひょっとして捜索はもう打ち切られてしまったのではないか」という疑念が頭をもたげてきた。気持ちはおのずと自力脱出のほうに傾いていった。そして翌二十二日、ビバーク八日目の朝、ついに決断を下す。このままここにいたのでは見つけてもらえないだろうと判断し、自力で脱出することを決意したのである。

脱出に当たっては、滝を攀じ登ったりするのに役に立つだろうと、紐《ひも》状になるものはひとまとめにして持った。何日かかるかわからないので、テントも撤収した。コンロや食器類はその場に残した。とにかく生きて帰るのに必要最小限のものだけを持つことにした。それにはザックが大きすぎたので、容量が小さくなるように余分な部分をナイフで切った。

そのザックに、紐類をつなぎあわせて結びつけた。まずは空身で登り、そのあと荷物を引っぱり上げるためである。

準備をすべて整えた島田は、左岸の斜面に取り付きはじめた。助かるか助からないか、一か八かの賭けだった。途中で足を滑らせたら、下の滝壺へと一直線で落ちていってしまうような急斜面。そこを、這いずるようにして、少しずつ体を引き上げていった。

草付まで登ったところでひと息つき、荷物を引っ張り上げようとした。結んでおいた紐を、力いっぱい引っ張った。だが、なにかに引っ掛かっているようで、なかなか上がってこない。なおも力を込めようとした次の瞬間、フッと手応えがなくなった。とっさに下に目をやると、荷物が谷に転げ落ちていき、そのまま滝の中へ消えていくのが見えた。

「まじまじと見ちゃいました。荷物だったからよかったけど、あれが自分だったら、ああいうふうに落ちていくんだなっていうのが頭をよぎりましたね」

万事休すだった。窮地から脱出するために必要なものを失ってしまっては、もうどうしようもなかった。それ以上、行動を続けるのは無意味だと思い、仕方なくビバークしていた地点まで下りていった。

8 月22日10 時20分、捜索中のヘリコプターが島田（破線）を発見した

沢のほとりに座り込み、これからどうすべきかを考えたが、妙案はなにひとつ浮かばなかった。「やはり救助を待つしかないのか」と幾度も自問自答してみた。しかし、考えは堂々巡りをするばかりで、ただ途方に暮れるしかなかった。

そのときだった。時間は午前十時二十分。左にカーブしている本岳沢の下流方向から突如としてヘリコプターが姿を現わした。ヘリは、島田がいる位置とちょうど同じぐらいの高さにあった。そのまま島田のほうに向かって真っ直ぐ飛んできたので、パイロットの顔がはっきりと認識できた。そのパイロットと目と目が合い、初めて「ああ、助かったんだな」と思った。その瞬間は、嬉しいというよりも安堵感のほうが大きかったと島田は振り返る。

幸運

島田の家族が警察に捜索願いを出したのは十八日だという。帰宅予定は十五日だったが、なんらかの理由で下山が遅れているのかもしれないと考えたことが、早い段階での届け出を思いとどまらせたようだ。しかし、仕事が始まった十七日になっても帰ってこなかったことから、「いくらなんでも遅すぎる。なにかあったに違い

発見されたとき、島田は沢のほとりに座り込んでいた

ない」ということで警察に連絡を入れたのだった。

要請を受けた警察が捜索を開始したところ、鳥倉登山口の登山届ポストに入れられていた計画書が見つかった。ところがこの計画書には「往路をもどる」と記載されていたため、混乱を招くことになった。予定コース周辺の捜索では、小河内岳避難小屋の管理人から「小渋のほうへ下りると言っていた」という証言を得られたが、その後の足どりがつかめなかった。静岡側へ抜けたのか、それとも小渋に下りたのか、あるいは予定コースをたどっている途中でなんらかのアクシデントに遭遇したのかなど、いくつもの可能性が指摘され、そのぶん捜索範囲が広くなってしまったのである。

当初から捜索に携わっていた大鹿村の遭対協の救助隊員、松沢武裕（当時四十三歳）がこう言う。

「もちろんヘリでも捜しましたし、救助隊員をヘリで大聖寺平に上げて、三伏峠までの縦走路も捜索させました。七釜ダムから大聖寺平までのコースもヘリで飛んだんですけど、大聖寺平～広河原小屋間は尾根通しのしっかりした道なので、まさか本岳沢に迷い込んでいるとは思いませんでした。尾根沿いを飛んで、沢は見ていなかったんです」

結局、十九、二十日の長野県警ヘリによる捜索では発見できず、地上部隊のほうもなんら手掛かりは得られなかった。

そして二十二日、機体繰りがつかなくなった県警ヘリに代わってチャーターされた東邦航空のヘリが、約二時間をかけて静岡県側を重点的に捜索した。しかし、それでも島田を見つけることはできず、この日の捜索も空振りに終わるかと思われた。

静岡県側の捜索を終えた時点でのヘリの燃料の残り時間は約三十分。ヘリに搭乗していた松沢は、最後に大鹿村側の本岳沢と福川を確認したいとパイロットに告げた。

「あと捜していないところといったら、そこだけだったんです。もしそこを飛んでみて見つからなければ、もう完全にお手上げだったと思います」

滝の横で手を振る島田の姿を認めたのは、広河原小屋から本岳沢を舐めるようにして飛びはじめてすぐのことだった。最後の最後になって、島田はようやく発見されたのであった。

島田の生存を確認したヘリは一度その場を離れ、二、三十分後に再びもどってきた。島田はヘリで大鹿村のヘリポートに搬送され、そこから救急車で飯田市内の病院に収容された。

「ヘリポートに着いたとき、救助に携わった人のなかには涙ぐんでくれた人もいて、それを見て『ああ嬉しいな』って思いました。自分ではまだ余力があったと思っていたし、そんなにがんばったつもりもないから、かえって恐縮しちゃって。でも、ほんとうにたくさんの人に迷惑をかけてしまいました。ヘリポートにはカミさんと息子と娘も来ていましたが、『迷惑かけたな』としか言いようがありませんでした。家族にしてみれば、行方不明っていうのがいちばん困りますよね。だから見つかってホッとしたと思いますよ。生きて帰れたからなおよかったですけど」

島田のケガは、左足踵の圧迫骨折と診断された。踵の骨がつぶれていて広がってしまっているような状態だったというから、滝から飛び下りたときに岩に激突したに違いない。当初の話では全治二、三週間ということだったが、入院は一カ月以上に及んだ。

病院には飯田署の警察官が事情聴取にやってきた。

「こういう事故のときは、単に遭難事故として扱うのではなく、自殺未遂ではないかという線からもいちおう調べるみたいです。調書をとるときに、『仕事の悩みやトラブルはないか』とか『家族との関係は円満か』とか、いろいろ聞かれましたから」

前述したとおり、助けられたときにはまだ余力があったと島田は言う。だからビバークしているときでも、家族や仕事のことは気掛かりだったが、「このまま発見されずに死んでしまうのではないか」という不安は一切なかった。食べるものはなくなっていたが、水さえ飲んでいればもうしばらくはがんばれると信じていた。

「ただ、もし死ぬとすれば、それはたぶん滑落してだなという気はしていました」

たしかにそのとおりだと思う。脱出を試みた最後の日、もし荷物を落とさずそのまま行動を続けていたら、遅かれ早かれ島田は滑落していたような気がする。そういう意味では、谷へ転げ落ちていった荷物は島田の身代わりだったといえなくもない。

「今考えると、脱出しようとしたのは危険だったと思います。荷物を落としたあとでも、下にもどらずになにか変な行動を起こしていたら、そのまま自分が落っこっちゃっていたかもしれません。運がよかったんですね」

滝壺に飛び込んだときも同じだが、その時点ではベストの判断をしたと思うかもしれない。だが、切羽詰まった状況のなかで平常心を持ち続けることは困難であり、結果的には島田も信じられないような行動をとってしまっている。

「なにかあったときに、冷静でいられる人とパニックになる人がいますよね。私の場合、極端にパニックにはならなかったと思うんです。でも、やっぱり無謀でしたね。冷静な判断は下せていませんでした。身動きできなくなる前の段階でも、そこに至らずにすむほかの方法がいくつかありましたからね」

状況もわからずに滝の上から飛び下りてケガだけですんだことや、急斜面を這い登っていっても転がり落ちなかったのは、奇跡と言えばそうなのかもしれない。だが、それは島田自身も認めるように、ただ運がよかっただけなのだ。

思わぬ窮地に陥ったとき、えてして人は突飛な行動をとる。そしてその結果は、たいてい凶と出る。島田のように九死に一生を得たのは、気まぐれな運命の女神がたまたま微笑んだからにほかならない。

が、運命の女神は二度微笑まない。いや、一度でさえ微笑んでもらえない人がほとんどだろう。だったらまずは窮地に陥らないように慎重に行動すること。それが道迷い遭難を防ぐ、最大の予防策なのである。

北アルプス・常念岳　二〇〇一年一月

遭遇

二〇〇〇（平成十二）年の十二月三十一日から年明けにかけて、日本付近は強い冬型の気圧配置となり、北アルプス一帯は猛吹雪に見舞われた。この悪天候は一週間近くも続き、北アルプスのあちこちで凍傷にかかったり行動不能に陥ったりする登山者が続出。遭難発生件数は計二十一件にものぼり、近年稀に見る大量遭難となった。

飯塚秀岳は、その年の正月の悪天候を予想し、北アルプス方面への山行を見送って、冬でも比較的天候の安定している八ヶ岳へ、妻の香代子とともに出掛けることにした。そしてその山行を早めに切り上げていったん自宅にもどり、天候回復の兆しが見えてきた一月五日に、再度、香代子とふたりで蝶ヶ岳へ向かった。

名前からも推測できるように、飯塚は山好きの両親を持ち、自身も小さいころから山登りに親しんできた。高校時代は山岳部に所属し、就職してからは千葉の社会人山岳会に籍を置いて毎週のように山に通い、縦走から冬山、ロッククライミング、山スキーまで、オールラウンドな登山を実践していた。

山好きが高じるあまり、「休みの融通がきかないから」と会社を辞め、北アルプスの麓の梓川村に引っ越してきたのが二〇〇〇年の夏のこと。香代子と知り合ったのも山が縁で、引っ越してくる前年にいっしょになった。

二〇〇一年一月五日の早朝、ふたりは車で自宅を出発し、六時に釜トンネルの前に着いた。ここに車を停め、一路、上高地へ。行程はずっとツボ足で、この日は徳沢から長塀尾根を四〇〇メートルほど上がったところにある平坦地にテントを張った。

翌六日、ずっと悪かった天候が回復し、ようやく晴天となった。トレースのない長塀尾根をラッセルしていくと、同じルートを上がってきた五人のパーティに途中で追い抜かれた。そのパーティとは、八時ごろ、長塀山を過ぎた森林限界のあたりで再び出会ったのだが、なぜか人数が八人に増えていた。

話を聞いてみると、八人は、兵庫県内の同じ山岳会のメンバーだった。八人のうち三人は、年末に中房温泉から入山し、燕岳から大天井岳へと縦走してきたのだが、猛吹雪のため常念の冬期小屋に閉じ込められてしまって下山が遅れ、やむなく無線で会に連絡をとって救援隊を要請したのだった。先ほど追い抜いていった五人が、その救援隊であった。

山岳会のパーティと別れたふたりは蝶ヶ岳のピークを踏み、暗くなる寸前、午後四時ごろ横尾に下山した。当初の予定では、ここでテントを張って一夜を過ごすつもりだった。が、そばに冬期小屋があるので、ちょっとのぞいてみるつもりで中に入っていったとたん、男の唸り声が聞こえてきた。

小屋の中では、若い男性がストーブの前でうずくまっていた。男はふたりに気づくと、「無線機を持ってませんか?」と声を掛けてきた。香代子が「どうしたんですか?」と尋ねると、男は左手を差し出し、「こんなになっちゃったんですよ」と言って手袋をとった。

その手を一瞬見て、思わず香代子は目を背けてしまった。男の指は重度の凍傷にかかっていて、正視できないくらいにどす黒く変色していたからだ。

奥原潤一郎（当時二十六歳）が岡山県内の自宅を出たのは、二〇〇〇年十二月二十九日のことである。電車を乗り継いで大糸線の穂高へ行き、この日は街中の旅館に宿泊した。翌三十日は朝六時に宿を出てタクシーで宮城まで入り、中房温泉経由で燕山荘を目指した。

奥原の計画は単独で常念山脈を縦走するというもので、三十日は燕山荘、大晦日は大天荘、元日が常念小屋、二日に蝶ヶ岳ヒュッテに泊まり、三日に上高地に下山する予定だった。予備日は、仕事始めとなる前日ぎりぎりまでの四日間を見込んでいた。燕山荘以外は冬期小屋泊で、食料、シュラフ、テントなどを含めた装備は二〇キロ以上になった。

中房温泉から燕岳を往復するコースは、冬山にしてはさほど危険がなく、また燕山荘が年末年始に営業していることから、例年、正月を山で迎える登山者が大勢訪れる。奥原が登ったときも、コース上には人の姿が絶えず、トレースも充分に踏まれていた。

ただ、前日までかなり仕事が立て込んでいて、それをばたばたと片づけてすぐこちらにやってきたため、体調は万全ではなく、合戦尾根の登りがキツく感じられた。

ようやく燕山荘に到着したときにはバテ気味で、夕食の時間まで死んだように布団にくるまっていた。

奥原は、この山行中の記録を途中までつけていた。三十日のメモにはこう書かれている。

〈夕食は天国。ビールもうまいが、大晦日、元日の天気は大荒れ。山にも暗雲漂う。明日、たぶん冬型の気圧配置がいっそう強まり、凍てつく山行になりそうだ〉

翌朝起きてみると、心配したほどの天気の崩れはなく、曇ってはいたがまあまあの空模様だった。朝食後は空身で燕岳を往復。小屋に帰ってきてしばらく休んだのち、重いザックを担いで大天井岳へと向かった。ほかの登山者は、燕岳をピストンして中房温泉に下りる者がほとんどだったが、表銀座コースや奥原と同じ常念山脈縦走コースをとるパーティもいくつかあった。

蛙岩を過ぎると、稜線沿いにアップダウンが続く。風はあったが、さほど冷たくは感じなかった。右の頬を横殴りにする風は、しばらくすると小雪を混じえるようになった。大天井岳が近づくにつれ傾斜は急になり、スリップでもしようものなら真っ逆さまに滑落してしまうアイスバーンの登りとなった。息が切れ、なかなか高度がかせげない。

〈なんでこんなことをやっているんだろうか? なにか得なことがあるのか? ぬくぬくと岡山にいれば楽な正月なのに……〉

大天井岳を経て、十二時半に大天荘の冬期小屋に着いた。時間はまだ早かったが、無理せず、予定どおりここで一泊することにした。

小屋には後続の登山者がポツポツとやってきた。北鎌尾根から来たという単独行者、男性リーダーが若い女性二人を連れたどこかの山岳会の三人パーティ、合戦小屋から登ってきた若い男性二人のパーティ。夜までに冬期小屋はほぼ満杯となった。ほとんどのパーティが、明日は常念方面に向かうとのことだった。

折りしもその夜は二十世紀最後の夜だった。その記念すべき夜を、冬期小屋の中にいるメンバーで過ごすことに、複雑な気持ちを覚えた。

「見知らぬ人たちばかりで、なんか嫌だなあ、来るんじゃなかったかなあと思ってしまいました。寂しかったんでしょうね」

燕岳
2763
12/30
中房川
合戦沢ノ頭
2489
合戦沢
中房温泉
蛙岩
燕山荘
合戦小屋
合戦尾根
北中川谷
為右衛門吊岩
南中川谷
切通岩
牛首山
2526
大天井岳
2922
宮城へ
12/30入山
大天井ヒュッテ
大天荘
東天井岳
2814
12/31
赤岩岳
2769
横通岳
2767
西岳
2758
1/1
常念乗越
常念小屋
一ノ沢
赤沢山
2670
中山
2492
一ノ俣谷
常念岳
2857
前常念岳
2662
槍ヶ岳へ
槍沢
2512
1/5 このあたりでビバーク
山田
一ノ俣
段ノ滝
一ノ俣の滝
1/2～1/4に下ってきたと思われるルート
常念沢
本沢
二股
横尾谷
蝶槍
横尾山荘
蝶ヶ岳ヒュッテ
横尾
蝶ヶ岳
2677
横尾避難小屋
1/6
長塀山
2565
長塀尾根
徳沢
上高地へ
徳澤園
N
0
2km

逡巡

二〇〇一年の元旦は、周囲のざわめきで目が覚めた。時計を見ると四時だった。一度目が覚めてしまうと寒さで眠れなくなり、五時にシュラフから這い出した。とりあえず雑炊を作って食べながら、周りの様子をうかがっていたが、誰も出発しようとはしない。ならばと、先陣を切って六時半に小屋を飛び出した。外はまだ薄暗く、小雪混じりの突風が吹いていて視界はほとんどきかなかった。十五分ほど歩いてみたが、方向が定められず、突風でザックカバーが吹き飛ばされてしまった。そんななかで行動するのは危険だと判断し、すぐさま小屋に引き返した。

小屋にもどってしばらくすると、二組のパーティが相次いで出発していったが、一組は間もなく引き返してきた。その様子を見て、「今日は停滞にしよう」と決め、再びシュラフに潜り込んだ。

いつの間にかうつらうつらしていた。ふと気がつくと、小屋のなかに太陽の光が差し込んでいる。外をのぞくと視界が開けていて、なんとか行動できそうな状況になっていた。ほかのパーティは続々と出発していった。自分はどうするか迷ったが、まだ小屋に残っていた山岳会パーティの男性リーダーに、「行かないともったいないですよ」と促され、停滞をとりやめて出発することにした。

大天荘を出たのが十時。視界は開け、青空がのぞき、槍・穂高連峰も遠望できた。ただし、凍てつくような強い西風が終始吹きつけてきて、三層の手袋をしていても指先がじんじんと痛んだ。東天井岳を下り、横通岳をトラバースするころには、再び粉雪混じりの突風が体を叩くようになった。

岩がゴロゴロした岩稜がようやく終わり、常念小屋まであとわずかというところで樹林帯に入った。なぜかそこだけが雪の吹き溜りになっていて、思わぬラッセルを強いられ、小一時間もかかってようやく小屋にたどり着いた。時間は午後一時。小屋の外にはテントが一張あったが、小屋の中にはまだ誰もいなかった。

約四十分後に、大天荘でもいっしょだった山岳会の三人パーティが到着した。そのパーティが食事を作るときに、ザックからとり出したスーパーのビニール袋にふと目がとまった。それは奥原の地元のスーパーのものだった。見覚えのあるビニール袋を見て、思わず「どちらからいらしたんですか？」と声を掛けていた。

三人パーティは、「兵庫から来た」と答えた。会の本拠地は、奥原の地元に近い町だった。

一月六日に飯塚と香代子が長塀尾根で出会った山岳会のメンバーのなかで、「燕岳から縦走してくる途中で救援隊を要請した」というのが、まさに彼らだった。

常念小屋の冬期小屋は底冷えがひどく、寒さがしんしんと身に染みた。シュラフの中に入っても震えが止まらないほど、とにかく寒かった。

行動中に感じた左手の指先の痛みは、いったんは消えたものの、小屋に着いてからはより強い痛みとなって再発していた。この時点でもう凍傷が進行しつつあったのだが、奥原はまだそれほど深刻なものとは自覚していない。おかしいな、とは思ったが、指は動くから大丈夫だろうと、軽く考えていた。

この日の記録に、奥原はこう書いた。

〈20世紀から21世紀へ。この節目のときにこんな体験をしている私って……。暖房、温かいご飯、電話、チャリ、日生。恋しくなってしまう。本当に……〉

翌二日からは、山行記録がいったん途絶える。遭難し、手が凍傷になってペンが持てなくなってしまったからだ。

治療を受け、包帯でがちがちに固められた手にどうにかペンを挟めるようになっ

2001年１月１日、大天荘を10時に出た奥原。背後に槍ヶ岳も見えた

たのは三月二日。病院のベッドの上で、二カ月前のことを思い起こしながら、少しずつ記録をつけていったのだった。

一月二日、兵庫の山岳会のパーティは四時ごろから出発準備を始めていたが、奥原は寒さのためシュラフの外に出られないでいた。気がつくと、左手の薬指と中指の感覚がなくなっていた。明るくなり始めたころに、外にテントを張っていた男性ふたりが小屋の中に逃げ込んできた。外は吹雪だった。

六時を回ったころに、「次は蝶ヶ岳ヒュッテで会いましょう」と言って、山岳会パーティが吹雪をついて出発していった。だが、強風と降雪に阻まれて先に進めず、一時間後には引き返してきた。

さすがに今日は停滞だな、と思ったが、心の片隅には「昨日みたいに十時ごろになれば晴れるんじゃないか」という期待もあった。しばらくして外の様子をうかがってみると、雪が小降りになって視界も少しよくなり、常念岳の肩のあたりが見えていた。そのことが、奥原を出発へと駆り立たせてしまった。テントの二人組も出発を決めたようで、準備を整えていた。

大天荘から常念岳冬期小屋へ向かう。横通岳付近で

のちに彼は、このときの判断を深く後悔することになる。

九時二十五分、兵庫の山岳会パーティの三人に見送られて小屋をあとにした。その後、山岳会パーティは一月四日までここに閉じ込められることになるのだが、もちろん奥原がそれを知る由もない。

強風でまともに目も開けられないなか、岩に印されたペンキを頼りに常念岳のピークを目指した。途中でうしろを振り返ってみると、続けて小屋を出た二人組の姿が認められたが、やがて視界が悪くなって見えなくなった。

常念の肩のあたりまで来ると少し風がおさまり、ホッとひと息つけた。間もなくで常念岳の山頂に立ったが、展望はまったくなく、すぐに下りにとりかかった。

岩稜帯を下って鞍部に下り立つと、目の前に二五一二メートル・ピークが現われた。このピークを登り返したところで、突然、風が荒れ狂い出した。まともに立っていられないほどの凄まじい風が、北西方向から吹きつけてきたのだ。

二〇キロ以上の大きなザックを背負った体が、フワッと浮き上がりそうになった。風に舞い飛んだ雪で、ほとんどなにも見えない。それは、これまでに奥原が体験したことのない、想像を絶するような風だった。

「このときに引き返すタイミングを誤りました。風で吹き飛ばされてしまうような気がして、引き返せなかったんです」

とりあえず、縦走路から外れた下のほうにかすかに樹林帯が見えたので、風を避けるため、そこへ下っていくことにした。だが、樹林帯に入ると、もう進むべき方向がわからなくなっていた。トレースはなく、視界もきかず、自分の足跡もあっという間に雪でかき消された。なんとか樹林帯を突っ切ろうと試みたが、胸のあたりまである積雪と格闘しながら行ったり来たりしているうちに、よけいに方向がわからなくなってしまった。

焦る気持ちを落ち着かせようと、小休止して地図を取り出して眺めてみた。しかし、現在地がわからず、視界もきかない以上、何の問題の解決にもならなかった。

「やばい……。これが遭難なのか」

嫌な思いが頭をよぎった。とにかく稜線に出ようと斜面を登り詰め、稜線らしき場所に出たような気もしたが、そこからどちらに行っていいのかわからない。ならばと引き返していくと、風当たりがいっそう強くなり、再び雪も深くなってくる。

どうしていいのかわからず、奥原はしばらくその場に立ちつくした。絶望感がじわじわと胸に広がっていった。

「このままでは死んでしまう。なんとかしなければ……」

風を避けるための選択肢はひとつしかなかった。いくら雪が深くなろうと、樹林帯のなかに入って高度を下げること。意を決し、雪をかき分けながら下降を開始した。

どれくらい下っていっただろうか、気がつくと風が弱まっていた。しかし、斜面の傾斜は急で、腰のあたりまで雪に潜った。ビバーク地としての条件はよくなかったが、体力的にはもう限界で、そんなことにかまってはいられなかった。斜面の雪をかいてなるべく雪面を平らにし、そこにテントをむりやり設営した。

その際に薄手の手袋一枚だけで作業を行なったこと、また設営およびアイゼンと靴を脱ぐのに思いのほか手間取ってしまったことで、凍傷をさらに進行させてしまった。さすがにこのときには奥原も凍傷にかかったことを自覚しており、テントに入るとすぐにぬるま湯を沸かし、感覚のなくなっている左手の中指と薬指を何度か浸したが、二度と指の感覚はもどってこなかった。

やってしまったか——。そのことが奥原の気持ちを重苦しくさせた。だが、心配の種は凍傷だけではなかった。食料もまた残り少なくなっていた。

計画では、明日中に上高地に下山することになっていたので、そのつもりで食料も準備していた。メインの食事は明日の朝の分までしかなく、あとはわずかな非常食――、カロリーメイト一箱、乾パン一袋、インスタント味噌汁一杯分が残るのみだった。いちおう四日間の予備日は設けていたが、その分の食料までは計算に入れていなかったのだ。

レトルト食品の夕食をとったあとは、すぐにシュラフの中に潜り込んだ。

この日、ルートを見失ったのが二五一二メートル・ピークのあたりであることは間違いなかった。また、迷い込んだのが稜線の西側のほうだというのも確実だった。だから明日、もし天気が回復していれば、二五一二メートル・ピークまで登り返し、蝶ヶ岳へ向かうか常念小屋へ引き返すつもりでいた。しかし、回復の見込みがなければ、谷を下りて梓川に出ようと考えていた。このまま下っていけば、必ず槍沢に出られるはずだと信じていた。

だが、言うまでもなく、この選択は自殺行為である。それは、「道に迷ったら沢を下るな。尾根に上がれ」という鉄則に背くという以上に、雪崩に遭う危険が非常に高いからだ。冬山を知る者ならば、絶対に沢を下ったりしない。その意味で、奥原は冬山を知らなすぎた。

この日付の記録に、彼は自分自身の経験不足を認めたうえでこう書いている。

〈とてもじゃないが、とどまって救出してもらうという考えは出てこなかった。(中略)自分なら下り切れるという自信過剰も手伝って、自ら遭難してでも最短ルートで下りようという甘い考えが支配していたと思う〉

結局、翌日も天気は回復せず、奥原は最悪の選択をしてしまう。

厳冬の一ノ俣谷

朝起きてみると、テントは木立ちに引っ掛かったような形で引っ繰り返っていた。急な斜面に無理して設営したため、夜の間に少しずつ傾いていったのだった。整地も不充分だったので、寝ていたところは人型に沈み込んでいた。

天気は昨日と変わらず、吹雪で視界も悪い。あってはならない状況に陥ってしまい、「なにか犯罪を犯したような気持ち」を覚えながら、朝食の雑炊をすすった。食料はあとわずかしかない。「とにかく今日中に横尾まで下りるぞ」と心に決め、出発準備を整えた。

だが、行動を開始して間もないうちに絶望感が押し寄せてきた。樹林帯のなかの積雪は胸まであった。必死で雪をかき分け、足場を固めて這い上がることの繰り返しで、遅々として先に進まない。吐く息はハーハーと荒く、いたずらに疲労だけが蓄積していった。

前方に見えていた谷の小カーブにようやくさしかかり、「これを曲がれば景色が変わるだろう、もしかしたら登山道が見えるかもしれない」と期待するが、ことごとく裏切られた。行けども行けども、雪、雪、雪だった。

とても今日中に横尾までたどり着くことはできないと悟ったのが何時ごろだったか、奥原の記憶にない。ただ、そう思った時点で、もうそれ以上動けなくなった。

そこは、幕営するには昨日よりもはるかにいい場所だったが、いかんせん谷底だった。雪崩が発生したらひとたまりもなかった。だが、雪崩のことを深く考えるだけの余裕はなく、早く休みたい一心で、その場にテントを設営した。

テントの中に入るとすぐに湯を沸かし、指を温めた。左手の薬指、中指、人差し指の三本は感覚がなく、ローソクのように真っ白になっていた。また、右手の指先にも激しい痛みを感じるようになってきていた。足はまだ大丈夫だったが、行動中になにかに引っ掛けてスパッツを破いてしまい、そこから浸入してきた雪で足首のあたりが濡れていた。

夜は乾パンを少し食べた。寝るときは、シュラフの足元の部分にビニールのゴミ袋とウインドブレーカーを巻きつけ、保温に努めた。テントの壁側にもゴミ袋を当て、できるだけシュラフを濡らさないようにした。

凍傷のこと、食料のこと、横尾までの道のりのこと、考え込むと気が滅入った。が、死ぬという気はしなかった。時間はかかるかもしれないが、横尾には確実に近づいているはずだった。だから絶対に助かるものと、信じて疑わなかった。

一月四日も朝から吹雪いていた。わずかな乾パンを食べ、ストーブで沸かした水を飲んで出発する。昨日と変わりばえのしない、雪に埋もれた谷を黙々と下っていった。

雪は相変わらず深く、吹き溜りにはまり込むと這い上がるのに苦労した。

行動中に非常食を口にする余裕はなかったが、一度だけカロリーメイトを食べた。

喉が渇くと、雪をすくって口の中に放り込んだ。心配だったのは小便の回数が極端に減っていることで、軽度の脱水症状に陥っているのかもしれないと思った。

沢を流れる水音は、昨日の昼ごろからときどき聞こえていた。この日は雪が陥没しているところで実際に水流が見えた。そこに足を踏み入れないように注意しながら、一歩一歩確かめるようにして下り続けた。

しかし、とうとう滝が現われてしまった。ビルの二階ぐらいの高さはゆうにある滝で、氷瀑の上には雪が積もっており、ちょっとした刺激を与えれば一気に雪崩れそうだった。滝の内部は凍結しておらず、水が流れているようだった。

最初、奥原はこれを巻いて下りようとした。が、両側とも雪が深く、とても巻けそうにない。しばらくどうしたものかと考えていたが、今さら引き返すことはできない。とにかくこの滝を下りないことにはどうしようもないと、意を決して氷瀑の端のほうに取り付いた。幸い、滝の傾斜はあまり急ではなかったので、氷瀑に向き合うようにして、アイゼンの爪とピッケルのピックを氷に引っ掛けながら、そろりそろりと下りていくことができた。

しかし、最後の最後で行き詰まってしまった。下には凍りついていない滝壺があり、どうしてもそれを避けて下りることができないのだ。

「仕方ありません。もう死んでもいいやって感じで、滝壺に飛び込みました」

水に浸かったのはお尻から下だった。すぐさま浅瀬のほうへ歩いていき、降り積もった雪にしがみつくようにして岸に上がった。「冷たい」という感覚が下半身から這い上がってきていた。とうとう足まで濡らしてしまったかと思うと、気分が落ち込んだ。

それをむりやり振り払うように、さらなる下降を開始する。足が水に浸かってしまったことで「もうどうでもいいや」という捨て鉢な気持ちになり、これまでは危険を感じて迂回していたような箇所でも、最短距離をとって通過するようになった。だが、濡れた靴とアイゼンには一歩進むごとに雪が付着していき、すぐに靴全体が雪の塊りになってしまう。幾度となくピッケルで叩き落としてもイタチごっこで、足が重くなったぶん、ペースはガクンと落ちた。

そうしているうちに、手で補助してやらないと足が持ち上がらなくなってきた。そしてついには、足を引き抜こうとしたときに、靴がズボッと脱げてしまった。両手が凍傷にかかっていたため、靴紐がしっかり結べていなかったのだ。

このアクシデントですっかり気力が萎えてしまい、この日はもう行動を打ち切ることにした。両手の凍傷はさらに悪化していて、テントを設営するにも、ポールを通したりフックを引っ掛けたりする作業がうまくできずに四苦八苦した。ようやくテントを張り終えても、今度はカチカチに凍った靴を脱ぐのがひと苦労だった。

左手の指先は変色が始まっていた。湯に浸けてもまったく感触がなかった。ストーブの燃料はまだだいぶ残っていたので、濡れた下半身のウェアや靴を乾かそうとしたが、完全には乾かなかった。靴下は、替えのものを履いた。足はまだ凍傷にかかっておらず、シュラフの暖かみを指先に感じることができた。

その夜はあまりよく寝られず、翌朝は明るくなる前から目が覚めていた。起き出してみると、テントの中は冷凍庫と化していた。登山靴、シュラフ、フェイスマスク、スパッツなど、ありとあらゆるものがガチガチに凍りついていた。

それらを解凍するためにストーブに火をつけたが、なかなか溶けてくれない。とくにひどかったのが靴である。ストーブの火にかざしたぐらいではまったく効果なく、仕方ないのでむりやり足をねじ込もうとしたが、どうにも入らない。

ムキになって力を入れた瞬間、左手の指先にプチッというような感覚を覚えた。はめていた手袋を取ってみると、中指と薬指の指先の皮と爪が剥《は》がれ、肉と骨が見えていた。驚いて手袋を振ってみると、剥がれた皮と爪がぽろっと落ちてきた。思わず吐きそうになりながらそれをバーナーケースの中に放り込み、「もう見たくない」という一心で手袋をはめた。「指はあきらめなければならないな」と、このとき覚悟した。

どうにかこうにか靴に足をこじ入れ、テントの撤収にとりかかった。その作業だけで三時間もかかってしまった。ひとつひとつの動作が思うようにできないのが、とても歯がゆかった。

雪は今日も降り続いていたが、天気は回復に向かっているようだった。しばらく下っていくと、一瞬視界が開け、眼前に屏風岩と思われる岩壁が見えた。「ようやく近づいてきたな。今日こそは横尾まで下れるだろう」と、希望が湧いてくる。

しかし、この日の行程は壮絶を極めた。滝が連続して現われ、下りるときに三度も滝壺にはまってしまった。胸まで水に浸かったときにはザックが浮袋代わりになってくれたが、手と足がずぶ濡れになった。手袋やピッケルバンド、ザックのベルト類や背面パッドの間には氷の塊りができて、行動の邪魔になった。スパッツは大きく裂け、雪や水が容赦なく浸入してきた。昨日と同様に靴が脱げ、片方のスパッツもいつの間にかなくなっていた。

下るにつれ、沢の水量は徐々に増えてきた。少しでも靴への浸水を避けようとするが、どうしても避け切れない。足を濡らしながら雪をかき分け、氷を砕き、岩にしがみつき、ただひたすら横尾を目指して下り続けた。

やがて川幅が広くなり、「合流が近いな」と予感して間もなく、前方に木橋が見えてきた。そこには「一ノ俣」という看板があった。やっとのことで梓川沿いの夏道に出たのである。

奥原は、冬の一ノ俣谷を下ってきたのだった。それはまさしく自殺行為であり、にもかかわらず命を落とさなかったのは奇跡以外の何物でもない。

看板を見て、初めて「助かる」という実感が湧いてきた。だが、そこから先が長かった。疲労と空腹で力が入らず、五メートルも歩くと息が切れて立ち止まってしまう。ザックがずっしりと背中にのしかかってきて、なおさら足が上がらない。

「なんとしてでも今日中に横尾まで行かなければ」と気ばかり焦るのだが、息切れが激しく、一歩がなかなか前に出ない。

時計の針は午後五時を回り、あたりは薄暗くなってきた。それ以上行動を続けるのは、時間的にも体力的にも無理だった。とうとうこの日も横尾にはたどり着けなかった。

凍りついた両手で、昨日以上に苦労してテントを張り、カチカチに凍った靴を脱ごうとした。ところが靴の中で靴下が凍りついてしまっていて、なかなか脱げない。ピッケルのピックで氷をかき砕きながら脱ごうとしたら、靴下の爪先が破れて靴の中に残ってしまった。明日、靴を履くときが思いやられた。

濡れた服も充分乾かないまま、凍りついたシュラフに潜り込んだ。シュラフの中はなかなか暖かくならなかった。体は休みを欲しているというのに、目は冴えたままだった。

冬期小屋

ほとんど眠れないまま、朝を迎えた。両手の凍傷はますますひどくなっていた。足にはまだ痛みがなかったが、凍傷が進行していることは間違いなかった。今日中に横尾に着かないと死ぬな、という気がした。なんとしてでもたどり着かなければならなかった。

長い時間をかけて足を靴にこじ入れ、テントを畳んでザックにねじ込んだ。長く続いた悪天候がようやく終わり、空には晴れ間が広がっていた。

出発して間もなく、ヘリコプターの爆音が聞こえてきた。天候が回復し、あちこちで遭難していた登山者の救助活動が始まったのだった。

ヘリが頭上を通過したときに「おーい」と叫んでみたが、もちろん気づくはずはない。そもそも、奥原が遭難していることを知っている者は誰もなく、当然、救助要請も出されていなかった。沢を下っているとき、何度か携帯電話で救助要請をしようと試してみたのだが、いずれも圏外でつながらなかった。

昨日にも増して、歩くことが苦痛になっていた。天気がいいので視界はよく、遠くまで見通せたが、なかなか横尾は見えてこない。「まだか、まだか」という思いで歩を進めるも、四、五歩進むのが精一杯で、激しい息切れがしてしばらく立ち止まらざるを得ない。

ようやく、はるか前方に吊橋が見えてきた。「やった、横尾だ」と喜んだのも束の間、そこから先がことのほか苦しかった。その場に立ちつくしたまま、足が前に出ないのだ。立っていることさえやっという有り様だった。横尾山荘から冬期小屋までのほんのわずかな距離でさえ、ひどく遠いように感じられた。

冬期小屋の前に立ったときには、すっかり精も根も使い果たしていた。

小屋の中は、思った以上に広かった。薪ストーブがあり、そばには燃料の薪も置かれていた。次に、誰かが残していったらしいウォッカの瓶と缶ビールが目についた。わずかに残っていたウォッカを舐めると、火がついたように口の中がカーッとなり、まだ生きていることが実感できた。ビールも飲もうとしたが、凍っていたので飲めなかった。

倒れ込むようにして床に腰を下ろし、ザックのショルダーストラップを肩から外すともう動けなかった。

しばらく休んでどうにか動けるようになり、まずはストーブをつけることにした。新聞紙がたくさんあったので火はすぐについたが、小屋の中にあった薪だけでは足りそうになく、外を四回往復して薪をとってきた。

ストーブに火が入ると、今度は濡れたものを乾かす作業にとりかかった。テントを小屋の中に張り、凍りついていた服やシュラフなどをストーブのそばに広げて置いた。さらに、手袋をしたまま手をストーブにかざして温めた。左手のダメージがひどいことはわかっていたが、右手の感覚ももうほとんどなくなっていた。

人心地ついたので、改めて小屋の中を見回してみると、某山岳会がデポしていた食料が見つかった。すぐに湯を沸かし、インスタントの親子丼の素をアルファー米にかけて平らげた。続けて味噌汁二杯、しょうが湯二杯を胃に流し込んだ。

それだけの量を食べても空腹感はいっこうに満たされなかったが、久しぶりに温かいものを口にすることができて、束の間の幸福感を味わった。これでもう死ぬことはないだろうと思った。

あとは誰かがやってくるのを待つだけだった。必ず来るはずだという確信があった。ストーブに薪をくべながら、奥原は待ち続けた。

そしてとうとう待ち人がやってきた。飯塚と香代子である。

奥原の凍傷をチェックした飯塚は、「これはまずいな」と思ったという。命に危険があるようには見えなかったが、凍傷がだいぶひどかったからだ。

「あの状態では、ヘリを呼んでピックアップしてもらうしかないなと思いました」

だが、持っていた無線で何度か交信を試みたものの、谷が深く無線は通じなかった。ならば徳沢に走るしかない。この時期、徳沢園に人が入っていることはわかっていたので、奥原のことは妻に任せ、「徳沢まで連絡に行く」と言って小屋を出た。しかし、いかんせん時間が遅すぎた。横尾を出発して間もなく日没となってしまい、それ以上行動するのは危ないと判断して引き返してきた。

小屋にもどった飯塚は、奥原から改めてこれまでの経緯を詳しく聞いた。その話し方はしっかりしていて、つい先ほどまで死にそうになっていた人間とは思えなかったが、壮絶な体験を聞いて、まず思ったのが「よく生きていたなあ」ということだった。

「滝壺に落ちても生きているし、冬には考えられない一ノ俣を下りてきて雪崩にも遭わなかったというし、不思議でしたよね。状況からすれば、死んでもおかしくないじゃないですか。ほんとうによく生きてましたよね。運がよかったし、本人にも〝生きよう〟という強い気持ちがあったからなんでしょうね」

だが、そう思う一方で、無謀さも感じずにはいられなかった。たとえば装備。飯塚も香代子も、「冬の北アルプスを登るにしては軽装備だな」と感じたという。登山靴にしても、プラスチックブーツではなくトレッキングシューズのようなタイプのものだった。

また、香代子は判断ミスも指摘する。

「あの天気で行動したのがまずかったと思います。遠くから来ているから、進もうと思っちゃったのかな」

この点については奥原本人も認めている。

「そもそも天気が悪いのに常念を目指したのが遭難の原因でしょうね。で、引き返すタイミングを間違ってしまった、と。常念のピークで引き返さなければいけなかった。たまたま助かったからよかったけど、下ろうとしたのは大きな間違いで、引き返すべきでした。たしかにものすごい風でしたが、もどろうと思えばもどれたと思います」

この判断ミスは、登山経験の少なさに起因したものと思われる。事故当時の奥原の登山歴は約三年。鳥取県の大山には四季を通じて足繁く通っていたが、ほかの主だった山行といったら、富士山に二回、北アルプスに二回(西穂高岳〜奥穂高岳への縦走と、涸沢から北穂高岳〜奥穂高岳への縦走）登ったぐらい。富士山には雪が残っている時期に登っているものの、ほんとうの意味での冬山経験は大山に数回登ったのみだった。

「冬の北アルプスはこのときが初めてでしたから。しかも単独行だったし、無線機も持っていなかったし。無謀といえば無謀ですよね」

話を聞きながら、香代子は夕食の準備を始めた。とにかく温めなければと、甘い紅茶やコーヒーを何杯も飲ませ、ソーセージと雑炊と山菜ご飯を食べさせた。

「すごい勢いで食べてました。飢えていたんでしょうね。私たちの食料がなくなるかと思いました。『このパンは明日の朝の分だからダメ』と、とっておくぐらいでしたから」

食後には香代子が凍傷の手当てを行なった。爪の間に入り込んだゴミを針で取り除き、左手の指先にはガーゼを巻いた。飯塚は、心の中で「切ることになるだろうな」と思ったが、それだけは絶対に口にせず、「ここまで来ているんだから、もう大丈夫だ」「明日はヘリが飛んでくれるから」と言って奥原を元気づけた。

靴は凍りついたままで、なかなか脱げなかった。飯塚が脱がすのを手伝ったがびくともせず、ストーブの前で解凍し続けていた。そのうちやっとの思いで脱ぐことができたが、足自体はまだ凍っているような感覚だった。

その足をしばらくストーブで温めてから、小屋内に張ったテントの中に入った。自分のシュラフは凍っていたので、飯塚が貸してくれたシュラフに入って横になった。そのころから足が痛み出した。温めて血行がよくなったためである。

痛みはやがて激痛へと変わった。この痛みを、奥原は〈ゾウに足を踏みつぶされているような激痛で、とても我慢できるレベルではなかった。今度あの激痛が襲ってきたら、耐えられる自信はない。おそらく気が狂うだろう〉と表現している。

「ものすごい痛みでした。ひと晩で髪の毛が抜けるんじゃないかなと思いました。ひと晩中、『痛い、痛い』『助けてくれ〜』と叫んでいました」

飯塚と香代子は、とても寝るどころではなかった。香代子が言う。

「ひと晩中、悲鳴を上げてましたね。『もう切ってくれ〜』って叫んでました。そんなに痛いものなのかなあって思いました」

しかし、どうすることもできない。せめてストーブの火だけは絶やさないようにして、ふたりは翌朝の行動について話し合った。明るくなったら飯塚が徳沢へ走って救助を要請することを確認し、救助隊がヘリでやってきたときにどうするかを香代子に指示した。

明け方近くになり、奥原は尿意を我慢できなくなっていた。が、足の激痛のため、歩くことはもちろん、立つことさえできない。そこで飯塚に声を掛けてスーパーのビニール袋をもらい、その中にしようとしたが、重度の凍傷にかかった両手では思うようにいかず、テントの中に小便をまき散らしてしまった。

〈テント内には小便臭いにおいが充満した。お借りしたシュラフも汚してしまい、とても申し訳なく、情けない気持ちになった。マットの下もずぶ濡れになり、掃除するのが大変であった〉

一月七日の朝、飯塚は七時前に小屋を出て徳沢に向かった。一時間弱で徳沢園に着き、電話を借りて豊科警察署に救助要請をし、再び横尾へと引き返した。

飯塚が徳沢に行っている間、香代子はパンとコーヒーを奥原に与えた。やがて飯塚がもどってきて、救助を待ちながら三人でいろいろな話をした。奥原の仕事のこと、趣味のヨットや自転車のこと——。足の痛みは、夜中ほどではないようだった。

その様子を見て、飯塚は安堵感を覚えたという。

「前日は〝大丈夫かな〟っていう感じでしたけど、翌日になってなんとなく本人の気持ちが変わってましたね。前向きになっていました」

長野県警のヘリがやってきたのは十時前ごろだった。山荘の上でホバーリングしたヘリからふたりの救助隊員がウインチで下りてきて、飯塚と三人で奥原をヘリに収容した。奥原には香代子が付き添って、いっしょに豊科へと運ばれていった。飯塚と救助隊員一名は小屋に残って荷物を片づけ、もう一度引き返してきたヘリで搬送された。

奥原はヘリポートに待機していた救急車で豊科赤十字病院に運ばれ、すぐに凍傷の治療を受けた。診断した医師には、「足のほうは大丈夫だが、左手の中指と薬指は切断しなければならない」と告げられた。夕方、岡山から駆けつけてきた両親にそのことを伝えると、意外にもあっさりと「まあ、しょうがないな」と言われただけだった。

豊科赤十字病院には一カ月入院することになった。横尾の冬期小屋で過ごしたひと晩ほどではなかったが、足の痛みはこの一カ月間ずっと続いた。座薬を入れると少しはよくなったが、痛みで夜はあまり寝られなかった。入院中、飯塚と香代子は二回、奥原を見舞った。そのときに「手の指を切ることになりそうだ」という話を聞いた。

退院後は岡山にもどり、岡山市内の病院に一カ月間毎日通院し、手術のため三月に再入院した。手術は三回に分けて行なわれ、退院したときはもう六月になっていた。最終的には六本の指先を切断し、両手の親指と小指だけが残った。

「覚悟はしていましたが、でも、こんなに落とすことになるとは思いませんでした」

仕事には六月中に復帰した。辞めなければならないだろうなとは思っていたが、会社の温情で残れることになった。

二〇〇三年十月、奥原は知人の紹介で知り合った女性と結婚した。手紙のやりとりでそのことを知った飯塚と香代子は、「よかったね」と喜び合った。

「あまりにも自分勝手だったなあというのは自覚しました。いろんな人に迷惑をかけてしまい、やっぱり自分ひとりだけで生きているんじゃないんだってことを強く感じましたね」

今、事故を振り返って、奥原はそう言う。

事故のあと、山登りは大山に一度登っただけである。遭難したルートを夏にたどってみたいと思っているが、まだ実現していない。

インタビューの際、奥原の妻に「もしまた『山に行く』と言ったら止めますか」と尋ねると、こんな答えが返ってきた。

「いや、別に……。好きなことはしてもらったほうがいいと思います」

それを聞いた奥原が、「じゃあ、今度いっしょに大山にでも登ってみようか」と言い、妻も「行ってみたい」と答えていたのが印象的であった。

南アルプス・北岳　二〇〇一年九月

体力不足

本来なら八月下旬に実施しているはずの山行だった。が、台風が来たり、雨が降り続いたりしたため、計画をずっと先延ばしにしていた。八月三十日になって「明後日から晴れるみたいよ」と妻に言われ、急遽、出発を決めた。

「じゃあ、ちょっと行ってくるわ」と言って神奈川県内の自宅を出たのが、二〇〇一（平成十三）年九月一日の早朝のことである。妻には、「二泊三日で北岳に行ってくる。一日目は白根御池小屋に、二日目は北岳山荘に泊まるつもりだが、天気によっては一泊だけして帰るかもしれない」と伝えておいた。

北岳が富士山に次ぐ日本で二番目に高い山であること、夫がどのコースをたどってその山に登ろうしているのかということを、妻は知らない。ただ、「もし北岳山荘に泊まることになった場合、小屋に電話があったら電話して」と念を押しておいた。

甲府駅には十一時に着いた。正午発のバスに乗り、広河原到着が午後二時。バスを降りて出発準備を整え、白根御池小屋への登山道をたどりはじめた。標準コースタイムで三時間の道のりをゆっくりマイペースで登っていき、日暮れ前には白根御池小屋に入った。疲れはほとんどなく、まずは順調な滑り出しのように思えた。しかし、翌日は決して〝順調〟とはいかなかった。

翌二日、小屋で出されたカレーライスの朝食をとり、七時半に行動を開始した。白根御池小屋から稜線に出るまでは、草すべりの急登が続く。この登りがきつく、途中でだいぶスタミナを消耗してしまった。

北岳肩ノ小屋到着はちょうど十二時。空腹を覚えていたので食事を注文しようとしたら、あいにくカレーライスしかないと言われた。二食続けてカレーライスを食べたいとは思わなかったが、ほかに選択肢はなかった。「なにか食べてスタミナをつけておかなければ」という思いもあり、仕方なくカレーライスを注文し、外のベンチに座って食べた。天気は昨日今日と申し分なく、周囲のすばらしい山岳景観を眺めながらの昼食だった。

ここで一時間ほど休憩して、最後の北岳への登りにとりかかった。が、消耗した体力は回復しておらず、北岳の山頂にたどり着くまでに標準コースタイムの倍の時間を要した。ようやく山頂に立ったときには、すっかり精根尽き果てていた。

遮るものがない三六〇度の大展望が広がる山頂をあとにして間もなく、池山吊尾根の分岐の手前で、胃の中のものをすべてもどしてしまった。激しい疲労のため、胃が食物を消化できなくなっていたのだ。

少し休んで息を整え、再び登山道を下りはじめた。翌日は八本歯のコル経由で広河原に下山するつもりでいたので、池山吊尾根の分岐では「明日はここを右に下りていけばいいんだな」と確認した。さらに下っていき、北岳山荘まであと数百メートルほどになったところで、左手に「八本歯への近道」という道標が立っているのが目に入った。疲労困憊した身には、その「近道」という言葉がとても魅力的に感じられた。

「明日は池山吊尾根の分岐まで登り返すよりも、こちらの近道を行ったほうが楽な

北沢峠へ
N
0
2km
地蔵岳
観音岳
薬師岳
9
1
大山
広河原
広河原ロッジ
小太郎沢
小太郎山
2725
広河原山荘
ゴウロ沢
アカヌケ沢
白井沢
大樺沢
白根御池小屋
草すべり
南アルプス林道
9/1
北岳肩ノ小屋
北岳
3192
八本歯のコル
ボーコン沢ノ頭
石立沢
タル沢
9/2
八本歯ノ頭
城峰
2372
池山吊尾根
北岳山荘
池山御池小屋
水場
9/3〜9/6
ヨシ沢
ボーコン沢
池山沢
夜叉神峠へ
野呂川
中白峰
3055
発見場所
北沢
2063
池山
日陰ノ沢
9/6
弘法小屋尾根
三峰岳
間ノ岳
3189
2999
荒川
鷲ノ住山
1534
北沢取水口詰所
野呂川発電所
奈良田へ

のではないか」という思いと、「いやいや、やっぱり稜線の道を分岐までもどったほうが確実だ」という思いが、胸の中で交錯した。

北岳山荘に着いたのは午後五時。受付けをするときに「明日は八本歯のコルから広河原へ下山しますか」と聞かれたので、「はい」と答えた。胃の中は空っぽだったが食欲はなく、いったんは頼んだ夕食をキャンセルし、翌日の弁当に振り替えてもらった。

小屋には電話があったので、妻に言われたとおり、午後七時ごろ自宅に電話をして、「明日の夕方か、遅くても夜中までには帰る」と伝えた。

小屋の混雑度はさほどではなく、少なくとも夏の最盛期のように寝返りも打てないというようなことはなかった。にもかかわらず、その夜はなかなか寝つけなかった。たまたま隣になった男性客の鼾《いびき》がひどく、とても寝るどころではなかったのだ。結局、ほとんど一睡もできないまま、翌三日の朝を迎えることになってしまった。

睡眠不足のため疲れが抜けず、食欲もまったくなかった。朝食をとらないまま、朝の五時半に小屋を出発した。天気は下り坂で、ガスのような霧雨が舞っていた。それがなんとなく自分の先行きを暗示しているように思えた。

思い込み

当初は、昨日下ってきた道を池山吊尾根の分岐まで登り返すつもりだった。しかし、山荘の前に立っていた「八本歯へのトラバース道」という標識（前日見た標識とは別のもの）を見て、気が変わった。急な稜線の道を登り返していくことが億劫に思われ、楽そうなトラバース道を行くことにしたのだ。まさかこの判断が遭難のプロローグになるとは、思いもしなかった。

稜線のコースと並行していたトラバース道は、すぐに九十九折《つづらお》りの下り道となった。道は歩きやすく、快調に下ることができた。途中で、下のほうに赤い屋根の建物が見えた。それを広河原ロッジだと思い込み、広河原までそんなに遠くはないと錯覚してしまった。トラバース道なのになぜ下っていっているのだろうかという疑問は、まったく湧かなかった。この道は水場へと続いているルートであり、水場から先は行き止まりになっていることを知ったのは後日のことであった。

一時間ほど下っていったところで、小さな沢に出くわした。そのそばには大きな岩があり、黄色いペンキで対岸方向へ矢印が記されていた。しかし対岸には背丈一メートルほどの草が生い茂っていて、道らしきものは見当たらなかった。それでも

「矢印が付いているのだから、この沢を渡れということなんだろう」と勝手に解釈し、流れを踏み越えたところ、草付の斜面で転んで三、四メートルほど滑り落ちてしまった。

幸いケガはなかったが、今一度あたりを見回してみてもやはり道はなく、草が生い茂っているだけだった。沢の手前までは明瞭だった道が突如として消えてしまったのはどう考えてもおかしく、「どうしようか」と何度も自問自答を繰り返した。ただ、上から見下ろした沢は急な階段状になっていて、そこを下りていけそうにも見えた。

今だったら、「このとき引き返すべきだった」と言うことはできる。だが、このときは前日からろくに食事もとっていなかったし、疲れも溜っていた。一時間近く下ってきた道を登り返してもどることなど、とても考えられなかった。

滑落して気が動転していたこともあり、「えーい、面倒くさい」とばかりに決断を下した。とにかくこのまま下っていこう、と。下っていけば、そのうち大樺沢の登山道のどこかに出るだろう、と。

霧雨は小雨に変わっていた。階段状の沢は、最初のうちは水がちょろちょろと流れている程度だったが、下っていくに従い周囲から水を集めていつしか沢幅が広くなり、水流がゴーゴーと音を立てるようになっていた。その凄じい水音を聞いて恐怖にかられたが、「なんとかなるさ」と不安を打ち消し、自分を勇気づけた。

しかし、午後になると谷はますます深みを増してきたように感じられた。もうだいぶ下ってきているはずなのに、人の気配はおろか、広河原に近づいたという兆候すらまったくなかった。さすがに「ヤバイ」と思い、やっぱり引き返そうかと振り返って背後の山を見上げたとたんに諦めた。その標高差を登り返すだけの体力が残っているとは、とても思えなかった。

ならば、とるべき道は下り続けることしかなかった。あるときは左岸を、またあるときは右岸を、あるいは流れのなかの岩を伝い、道なき道を下っていった。やたらと喉が渇いたので、沢の水をがぶ飲みしながら、ひたすら下り続けた。

しかし、行けども行けども景色に変化はなく、深い谷へどんどん吸い込まれていくような錯覚を覚えた。ふと振り返ると、山の上部は晴れているようで、北岳から延びる稜線に夕日が映えていた。その美しい光景を、羨望と後悔の入り交じった複雑な気持ちで、しばらくぼんやりと眺めていた。

気を取り直して再び下りはじめたが、ほどなくして地形が険しくなり、行く手に高さ三、四メートルの垂直の崖が現われた。時刻は夕方の五時。物理的にも時間的にも、もうこれ以上先には行けそうになかった。

この期におよんで、事態が容易ならぬ方向に向かっていることをようやく悟り、えもいえぬ不安がムクムクと膨らんできた。その気持ちを静めようとして、北岳山荘で作ってもらった弁当に四分の一ほど箸をつけた。この日、初めて口にする食料だった。

改めて周りを見回してみると、すぐ近くの崖を二、三メートル上がったところに二本の倒木があった。意を決し、そこで一夜を明かすことにした。

山の経験

鶴田祐大郎（当時五十九歳）の山の経験は、ほとんどないに等しいと言っていい。大きな山行といったら二十五歳のときに槍ヶ岳に登ったくらいで、その後は三、四年に一回ほどの割合で丹沢などの首都圏近郊の山に足を向ける程度であった。

もともと体力があるほうではなかった。それは小学校四年のときにリウマチ熱を患い、長い闘病生活を送ったことが影響している。このため、短距離走や瞬発力を要するスポーツは得意としていたが、長距離走など持久力が必要となる運動は苦手だった。山登りでも、登りの歩行時間の限度は三、四時間。それ以上歩くと、てきめんにバテてしまっていた。それでも山が好きだったので、何年かに一度は体力的に無理のない山を選んで出掛けていたのだった。

職場でも、昼休みに山好きの同僚が数人集まってはよく山の話をしていた。今回の北岳への山行計画も、そのときに生まれたものだった。

「北岳なんて軽い軽い。ゆっくり登れば大したことないわよ」

同僚の女性にそう煽《あお》られ、「それじゃあ行ってみるか」という気になったと、鶴田は言う。計画を立てるに当たっては、自分の体力を考慮して、一日目が白根御池小屋まで、二日目が北岳山荘までの二泊三日の行程とした。一日の歩行時間も、標準コースタイムより一時間多く見積もっていた。だが、安易に考えていたことは、鶴田も否定しない。

「今はどこの山へ行ったって標識が整っているから、迷うこともないだろうし、山小屋には売店もあるから、お金さえ持っていけばなんとかなるだろうと。たしかに北岳は日本で二番目に高い山だけど、白根御池小屋に泊まってゆっくり時間をかけて登れば、大したことないと思っていたんですね」

ところが実際にはバテてしまった。とくに二日目、「余裕のあるスケジュールだから」と甘くみていた白根御池小屋から北岳への登りが辛かった。

「かなりまいっちゃったんですけど、職場のみんなの手前、頂上まで行かずに諦めたなんてことになると、バカにされたり笑いものになったりするから、意地でも登ったわけです。青息吐息で」

三日目、道に迷ってやみくもに下り続けているときに思い起こされたのは、山行の数日前に職場の女性と交わした会話だった。

「鶴田さん、ひとりじゃ危ないですよ」

「家族には葬式を出さないように言って出掛けますから、お手伝いの心配はご無用です」

「縁起でもないこと言わないでください」

ビバークの覚悟を決めたときには、軽い冗談のつもりで言ったことがいよいよ現実のものになってきたのかと、ますます不安が募っていった。

この山行時の鶴田の服装は、下半身は白い厚手のコットンパンツにローカットのトレッキングシューズ、上半身は半袖の下着にアロハシャツ、それにウインドブレーカーというものだった。この日は朝から小雨だったので、さらにその上からフード付きの合羽を被っていた。装備は、容量約三〇リットルのザックに、着替え用の下着、長袖のトレーナー、ペットボトル、ガイドブックのコピーなどを入れていた。ヘッドランプやストーブ、マッチ、ライターは持っておらず、行動食として携行した黒砂糖も二日目に食べ尽くしてしまい、残っている食料は山荘で作ってもらった弁当だけだった。

その夜は、木の棒を支えにして、倒木に座ったまま長い時間を過ごした。最初のうちは不安と緊張のせいであまり寒さを感じなかったが、ウトウトしていると背中から冷気が忍び寄ってきて、はっと目が覚めた。少しでも温まろうともぞもぞ体を動かしているうちに、いつの間にかまたウトウトしてしまう。ひと晩中、その繰り返しだった。

不幸中の幸いだったのは、合羽があったことだった。もし合羽がなかったら、しとしと降る雨に服が濡れ、寒さはいっそう厳しいものになっていただろう。

翌朝は五時過ぎに起きた。行動を始める前に、家族宛に「葬式は出さなくていい。あとはよろしく頼む」と遺書めいたものを書き、ザックのポケットに入れた。まさか死ぬことはないだろうと思っていたが、もし万一のときのために、悔いが残らないようにしたのだった。

ビバーク中に、この日はどう行動すべきかを鶴田は考えていた。選択肢は、「さらに沢を下る」「引き返す」「左岸の尾根へ登っていく」「右岸の尾根へ登っていく」の四つ。

「どれを選べば生還できるのか。〝神様、教えてください〟という心境でした」

結局、これ以上沢を下っていくのは困難だったため、左岸の高さ三〇メートルほどの崖を越えて下流のほうに出ることにして、七時ごろから行動を開始した。

ところが、急峻な斜面を登っていき、あと一〇メートルも登れば尾根を越えられるという地点で、突如、鶴田は登ることをやめ、あともどりをしはじめた。このときの心境を、本人はこう語っている。

「尾根を越えて下流に行っても、またすとんと落ちている崖になっているんじゃないかと不安になったんです。それと、やっぱりもどるのが最善策なのかもしれないという考えもあって、だったらここで引き返さなきゃまずいなと思ったわけです。頭が少しおかしくなっていたんですね。もうなにがなんだかわからない状態だったと思います」

想定外の状況に追い込まれてパニックに陥り、冷静な判断ができなくなっていたことは明らかであろう。

えてしてこういうときに、取り返しのつかない大きなミスを犯してしまうものだが、案の定、鶴田も下っていく途中で、バランスを崩して滑落し、顔面、背中、腰、両足などをいやというほど強打してしまった。運がよかったのは、落ちていくときに大きな岩を飛び越えて草付の上に落ちたことだった。もしその岩の上に叩きつけられていたら、たぶん動けなくなっていただろうと鶴田は振り返る。

滑落した際に、片足の靴が脱げ、ストックが斜面に突き刺さってしまっていた。靴を探すと、上の草地に引っ掛かっていたので、痛みをこらえながら手を伸ばして取りもどした。ストックは、飛び越えた岩の上の斜面に突き刺さっていた。とてもそこまで登り返せそうになかったので、やむなく放棄することにした。

しばらく休んで落ち着いてから、再び行動を開始した。昨日下ってきた沢を、今度は上流に向かって遡りはじめた。体のあちこちが痛んだが、沢を右に左に渡り返しながら、必死になって上流を目指した。

午後四時ごろになって疲れがひどくなってきたため、そこで行動を打ち切り、沢の近くの草地でビバークすることにした。寒さを少しでも防ごうと、周囲の草をむしってきて体にかけて横になったが、あまり役には立たなかった。雨は相変わらず降り続いており、うつらうつらしては寒さで目が覚めた。この日の夜もまた、その繰り返しだった。

遭難して三日目の九月五日も朝七時ごろに出発した。前日、かなり登り返していて、水場から下ってきた半分ぐらいまでは来ているとの感触だったので、今日一日登っていけばなんとかなるだろうと思った。体力的にもあと二、三日ぐらいはもちそうだった。

沢を遡っていく途中、右岸や左岸の尾根に登ることはできないかと思い、何度かチャレンジしてみたが、ルートの確保や水の補給の見通しが立たずに不安だったため

鶴田が北沢を下降、折り返したと思われる地点。川幅が狭かった

め断念した。

しばらくして、右から沢が合流する二俣に出た。降り続く雨のため、沢の様相は一変していて、水流は滝のようになっていた。ここで鶴田は迷った。記憶が曖昧で、どちらの沢を下ってきたのか確信が持てなかったのだ。たぶん左の沢が正解だろうという気はしたのだが、増水した沢を前に怖気づき、それ以上前に進めなくなってしまった。

もし地図を持っていたら、進むべき方向を特定できていたのだろう。だが、持っていたガイドブックの地図のコピーは、雨に濡れてグチャグチャになっていた。そもそも鶴田が迷い込んでいたのは、その地図がカバーしていないエリアであった。

のちに鶴田は、この遭難事故についての手記を、次のように綴っている。

〈様相を一変させた川を遡るのを躊躇し、残された自力脱出の方法を自ら閉ざしてしまった。極限の状況のなかだから、逆に難しいことに果敢に挑戦してこそ、おのずと道が拓けてくるというのに、それを実践できなかった自分が本当に情けなかった〉

左岸か右岸の尾根に上がることも再度考えてみた。が、沢を離れることに強い不安を覚えた。というのも、行動中はやたらと喉が乾き、沢の水を頻繁に飲んでいたからだ。持っていた水筒は五〇〇ミリリットルのペットボトルが一本のみ。尾根に上がって水が得られなくなれば、万事休すとなってしまう。だが、沢のそばにいるかぎり、水は確保できるから、少なくとも数日は耐えられるだろうと思った。

前には進めず、下ればいずれまた崖に突き当たってしまい、しかも沢を離れられないのであれば、その場でじっと救助を待つのが賢明というものであろう。しかし、なにを思ったのか、鶴田は再び沢を下っていってしまう。

結果的に同じところを行ったり来たりして、ただいたずらに体力を消耗し、混乱に拍車をかけていたわけである。本人はその過ちに気づかない。以下もまた手記からの引用である。

〈この蟻地獄から、もはや出られないのではという絶望感が、それまでがんばってきた気力を萎えさせ、どっと疲れが出てきた。このままでは体が持たないと、弁当の残りを取り出したが、川で転んだりしたことからぐちゃぐちゃになっていたし、変な匂いもしていたので、食べるのを諦めた。その代わり、五、六種類の草を片っ端から食べてみたが、どれも苦くて食えたものではなかった。仕方なく木の枝を折

って、そこから樹液を吸おうと試みたが、これもうまくいかなかった〉

親子グマ

午後三時ごろ、鶴田は左岸の林のなかを彷徨《さまよ》っていた。林のなかには人の踏跡のような獣道がたくさんついていて、「このへんまで人が入ってくるのか」と、淡い期待を抱かせた。が、間もなくしてそれは怖れに変わった。歩いているときに直径二メートルぐらいの円形の穴がふと目にとまり、チラッと中を覗き込んだところ、サッカーボールよりもひと回りほど大きな赤ん坊のクマがそこにいたからだ。

あたりをよく見回してみると、ボテッとした黒い糞と、草の根を掘り返した跡があちこちにあった。知らず知らずのうちに、クマのテリトリーに踏み込んでしまっていたのだ。

「やばい、親グマがそのへんにいるかもしれないから気をつけなければ」

鶴田はそう自分に言い聞かせ、クマ避けのために「おーい」と声を発しながらさらに下り続けた。その途中、雲が低く垂れ込めた上空から「ブーン」という音がかすかに聞こえてきたような気がした。

「あれ、今のはヘリの音かな。もしかしたら俺を捜してくれているのか」

機体は見えなかったが、そう思うと少しは光明が見えてきたような気分になった。夕暮れが迫る午後五時ごろ、行動を打ち切って今夜のビバーク地を探すことにした。河原は冷えるので、左岸を数メートルほど上がってみると、針葉樹林のなかにちょうど人間が入れるぐらいの大きさの浅い穴がふたつ見つかった。どうも先ほどのクマの穴に似ているような気もしたが、「かまうものか」とそこをねぐらとすることに決めた。

その穴の中に入って横になり、「まだ寝るには早いなあ」などと思いながらボーッとしているそのときだった。なにげなく下流のほうを見ていたら、一〇〇メートルほど離れたところに人の姿が見えた。思わず「助けてくれー」と何度か叫んだが、なんの反応もない。「変だな」と思ってよく目を凝らしてみると、それは人間ではなくクマだった。

親グマのすぐそばには子グマが一頭寄り添っていて、そこから五〇メートルほど離れたところにも三頭の子グマがいた。クマは魚獲りに夢中になっているらしく、こちらの存在をまったく無視しているようだった。最初にクマと認めたときには緊張に身を固くしたが、クマのほうからはなにも仕掛けてこないので、「そのうちどこかに行ってしまうだろう」と思い、放っておくことにした。

やがてあたりが暗くなってきて、ぼちぼち寝ようとしていたときに、突如、そばの木立ちが懐中電灯で照らされたように二、三回、パッパッと光った。

「あれ、今のはなんだろう？　さっきのはやっぱり人だったのかな」

不審に思って起き上がってみると、今度は自分のほうに向かって懐中電灯がパッと照らされたように見えた。その方向に目をやって、思わず飛び上がりそうになった。一〇メートルほど離れたところに、低い唸り声を発しながら全身を怒りに震わせて仁王立ちになっているクマの姿があったからだ。

クマの全長は一八〇センチ以上もあるように見えた。こちらを威嚇していることは間違いなく、背伸びをして自分を大きく見せようとしていた。そしてその目からは、赤とオレンジ色の異様な光が放たれていた。懐中電灯の明かりだと思っていたのは、クマの目から発せられていた光だったのだ。

すっかり気が動転した鶴田は、つい足をもつれさせて斜面をズルズルと二、三メートルほど滑り落ちてしまった。だが、立ち上がった次の瞬間には、不思議と開き直っていた。

「最初は、鶴田の最後は、よりによってクマの餌食か、あとあと物笑いの種になってしまうなと思っていたんです。でも、たとえクマに食われなくたって、どうせ私は助からずにここで死ぬんだと考えたら、もう怖くなくなっちゃいました」

クマはだんだんとこちらに近づいてきていた。その目を睨みつけながら、なにか立ち向かうためのものがないかと、あたりを手探りしてみた。最初に手にした棒切れはふにゃふにゃで役に立ちそうになかった。なおも周りを探ってみると、運よく一メートルほどの長さの堅い木の棒が手に取れた。その棒を正眼に構え、最終的に二、三メートルまで迫ってきたクマと対峙した。「来るなら来い」という気持ちで睨み合うことしばし。

「それが数分だったのか五分ぐらいだったのか、時間なんてもうわかりませんよ。とにかくこっちも死ぬ覚悟で、全身の気合いを入れて必死の形相で睨みつけていましたから」

だが、しばらくしてもクマからは攻撃を仕掛けてこようとしなかった。そこであまり刺激を与えるのもかえってマズいと思い、「こちらから攻撃するつもりはないよ」という意志を示すために一、二メートルほど後ずさった。するとそれをクマも理解したのか、ようやくその場から立ち去っていった。クマはしばらくしてもう一度やってきたが、同様に立ち向かうと間もなく姿を消した。

のちに鶴田はこの体験を友人や知人らに話して聞かせた。が、ほとんどの人は、「そういうのを幻覚症状っていうんだ」「タヌキをクマと見間違えたんじゃないのか」「どうせお前の捏造話だろ」「そんなに都合よく棒切れが転がっているわけがない」などと言って、信じようとはしなかった。それが鶴田には心外でならない。

「でも、あれは幻覚なんかではありません。間違いなく、ほんとうにあったことなんです」

その夜は、棒切れをつっかえ棒にして体を預け、いつまたクマが襲ってくるかもしれないという恐怖に脅えながら朝を待った。心身ともに疲労していたので、いつの間にかウトウトしてはハッと目覚め、何度もあたりをキョロキョロと見回した。三時を回って空が白々としてきて、ようやく「あー、助かった」と実感できた。

遭難四日目の九月六日、三日間降り続いた雨もやみ、ようやく天気が回復した。まずはとにかくクマのテリトリーから離れることが先決であり、疲れた体に鞭打ちながら、下流へ下流へと向かっていった。

〈山の合間を縫って燦々《さんさん》と差し込んできた朝日を浴びると、なんとなく眠気がさしてきて、生への執着は薄れ、気持ちが楽になってきたように感じた。三途の川が近いようだ。

だが、前日、悪天候のなか微かに聞こえた飛行機の爆音が私の捜索だとしたら、それに応える最後の努力をする責務が私にはあり、このまま黙って死ぬわけにはいかない〉（手記より）

午前九時ごろ、見晴らしのいい開けた沢のなかに大きな岩があるところに出た。その岩の上に、びしょびしょになっていたウェアや赤いザックを貼り付けて乾かした。それは乾かすことが目的ではなく、昨日に続いて捜索のヘリが飛んできたときに、発見されやすいようにと思ってしたことだった。

服を着替えて岩の上で休んでいるうちに、眠気が襲ってきた。うつぶせになると、スーッと意識が遠のいていって、すぐに深い眠りに落ちた。

目が覚めたときには、もう正午になっていた。

〈最高の眠りを貪ったあとは、また厳しい現実に引き戻された。「ヘリコプターが来てほしい」という願望は、晴れ渡った九月の空に虚しく砕け散っていくようで「間もなく衰弱して、あの世に旅立つであろう」と考えると、私の馬鹿な人生が走馬灯のごとく回転するようだった〉（手記より）

発見・救助

正午か、と思いながら岩の上で力なく上体を持ち上げたときだった。下流のほうから登ってくる人の姿が目に飛び込んできた。今度こそ間違いなく人だった。「捜索隊だ。助けに来てくれたんだ」と思い、「助けてくれー」「私が鶴田でーす」と何度か絶叫した。

その人は、最初はきょとんとしている様子だったが、必死に叫ぶ声を聞いて、すぐに上がってきた。鶴田のそばまで歩み寄ってくると、彼はまずこう言った。

「岩の上に白いものが見えたから、人でも死んでいるのかなと思ったんだけど、大丈夫か？　どこかケガをしていないか？　歩けるのか？」

遭難4日目、鶴田が望月に発見された地点。人物は鶴田

望月寛（当時六十歳）と名乗ったその男性は、山梨県企業庁の嘱託職員で、早川水系発電所管理事務所のダム監視所に勤務し、前年にそこを定年退職していた。鶴田が発見されたのは、荒川、そして野呂川へと合流する北沢の上流部で、望月の仕事柄、そのあたりは勝手知ったる庭みたいなものだった。この日はたまたま趣味の写真撮影のために北沢を遡行していて、偶然、鶴田を発見したのだった。

望月は、「これしか持っていないが、とにかく食べろ」と言って、おいなりさんふたつとチョコレートを手に握らせた。胃が痛く、食欲もなかったが、鶴田は言われるまま、それを口の中に押し込んだ。

ひと息ついてしばらくすると、望月は「じゃあ、行くか」と声を掛け、鶴田に付き添って下山を開始した。途中、かなりフラフラしている鶴田を見かねて、望月はナタで木の枝を落とし、「これを杖にしろ」と言って差し出した。また、歩きにくいところや危険箇所にはロープを張ってくれた。

下流から遡ってきた望月に発見されたとき、鶴田は「沢を下りていけることがわかったので、もうひとりでも大丈夫だと思った」というが、衰弱が激しかったことや沢登りの経験がないことなどを考えると、とてもそれは無理だっただろう。実際、

鶴田が下降した北沢の発見現場上流部

北沢の下流にある発電所の北沢取水口詰所まで、通常なら三時間で行けるところを、ふたりは六時間かけてたどり着いている。もしひとりで下っていたら、どこかで転滑落していたか、またもや進退窮まっていたはずである。

ようやく詰所にたどり着くころにはあたりも夕闇に包まれていたので、この日は詰所に泊まることにした。詰所は無人だったが、緊急電話が引かれていて、四日ぶりに自宅に連絡を入れることができた。電話には娘が出て、「お父さん、いったいなにやってんのよ」と強くたしなめられ、勤務先の川崎市役所の山岳部のメンバーが捜索のために現地に向かおうとしていることを教えられた。が、あとで聞いた話によると、メンバーの間にはすでに諦めムードが強く漂っていて、救助というより遺体収容のため捜索を行なうという認識だったという。

夕食は、望月がインスタントラーメンを作り、「食べろ、食べろ」と勧めてくれたが、食欲がほとんどなく、胃が受けつけたのは砂糖水とラーメンのスープだけだった。

その夜は「助かった」という安堵感から疲れがどっと出てきて、テレビを見ているうちにいつの間にか眠りに落ちていた。

翌朝、体が臭く感じられたので、望月に頼んで風呂を沸かしてもらって湯に浸かった。やがて、前夜のうちに連絡を受けていた川崎市役所山岳部のメンバー七人が救助のために上がってきた。彼らにサポートされながら巡視路を下り始めたが、彼らが一時間半かけて登ってきたところを下るのに、五時間もかかってしまった。巡視路の最後の五〇〇メートルほどは、現地の土木事業者の好意により工事用車両に乗せられて運ばれた。

荒川に沿って林道が延びている日陰ミソネ沢の合流点には、警察官、市役所の関係者らが鶴田の到着を待ち構えていた。そのなかには家族の姿もあり、怒られるどころか温かく迎えられて、思わず涙が溢れてきた。

地元の病院で受けた診察の結果は、全身打撲に左眼窩内壁骨折、四肢挫傷。いずれも遭難二日目の滑落時に負った傷で、一週間の入院を強いられた。

事故のあと、鶴田は一度も山に行っていない。家族から「お父さん、ひとりで山に行くのはもうダメよ」と釘を刺されているからだ。

生と死の境

今考えてみればトロかった、と鶴田は言う。

「なんで引き返さなかったのかって盛んに言われたけど、そのときになるとやっぱりできないですね。引き返すポイントはいくつもあったんですよ。だけど、だいぶ下ってから上を見たら、『あんなところまでもどらなきゃいけないのか』と思ってしまい、だったらとにかく下ろうと。結局、体力がなかったから、それを実践できなかったんだと思います。同じところを行ったり来たりして、『どうしようか、下に行こうか上に行こうか』と、それだけですよ。そのうちに足がいうことをきかなくなる、沢の水量も増えてくる、クマにも遭う。三日目、四日目あたりはもうパニックでした。とにかく決断ができませんでした。私、趣味で碁や将棋をやっているんですが、生死やお金がかかっているわけじゃないから〝こうだ〟ってすぐ決断できるんですけど、このときばかりは……」

鶴田の話を聞いて感じたのは、彼は沢を行ったり来たりしながら、実は生と死の狭間を行きつもどりつしていたのではないかということだ。どちらかへ行けば助かるが、逆のほうへ行けば死んでしまう。その間を途中まで行ったり来たりしながら、どんどん袋小路に追いつめられていった。ロシアンルーレットで、引き金を引くに引けずにいるような心境とでも例えたらいいのだろうか。

「いくら疲れていても、こっちのルートを行けば間違いなく広河原に出るということがわかっていれば、どんなに時間がかかろうとたどり着けたと思います。でも、どっちへ行けばいいのかわからない。それがとても苦しかったですね」

鶴田はそう言うが、しかし山での道迷い遭難とは、本来、そういうものである。行くべき方向がわかっているのであれば、「道に迷った」とは言わない。

だから、山で道に迷ってしまったときには、いかに冷静になって適切な判断を下せるかが重要になってくる。そのためには、やはり地図とコンパスが必要となろう。もちろんそれを使いこなせるという前提条件のうえでだが。もし鶴田が地図とコンパスを持っていたら、決断がつかずに山中を彷徨することもなかったのではないだろうか。

一方でまた、決断をつけられずにいたから助かったという見方もできる。沢を右往左往して余計な体力を消耗してしまってはいたが、一定の範囲から外には出ようとしなかったため、結果的にはそこで救助を待つことと同じになったからだ。もし無理して沢を下ろうとしていたら、あるいは崖から転落して命を落としていたかもしれない。

だが、いずれにしても、生きて帰れたのは運がよかったからだということに間違いはない。鶴田を発見した望月が荒川の支流に入るのは年に一、二度しかないという。しかも、北沢以外にもたくさんの支流があるなかで、あの日たまたま北沢に入って鶴田を発見したのだから、奇跡的な確率といってもいいだろう。

ちなみに九月七、八日には、大規模な捜索が予定されていたという。が、鶴田は「もって、あと一、二日だった」と述べている。果たしてこの捜索で発見できたかどうか。発見されたとしても、そのときまで生き延びていたかどうか……。

ちょうどこのころ、台風十五号が日本に接近しており、捜索が打ち切られる可能性もあった。もしそうなっていたら、生存は絶望的であったばかりか、遺体さえ発見されなかったかもしれないのだ。

山中を彷徨っている間、鶴田自身は死を半ば覚悟していたという。

「もう助からないなあと。自分が招いたことだからしょうがないんですけど。このまま自然のなかにスーッと吸い込まれるように死ぬんだろうなと思ってました。もう温かいご飯も味噌汁も食べられないなあとか、五十九歳で死ぬのはかえって家族孝行かなあとか、いろんなことに思いを巡らせながらね」

事故からしばらく経って、鶴田は遭難の経緯を手記にしたためた。その前文に、彼はこう書いている。

〈この遭難は、紛れもなく、私の軽装な出で立ち、不充分な装備、計画性のなさ、山のセオリー無視、判断力の欠如が招来したもので、山に精通されている方から見れば、「ナンセンス」以外のなにものでもないと一笑に付されるでしょう。しかしながら、無知で、山を知らない奴は、往々にしてこういう心理状態になったり、こうした行動をとるものだと、少しでも多くの方に知ってもらいたく、あえて別添の手記を書きました〉

だが、落とし穴に落ちるのは山を知らない者だけではない。山に精通していると自負する者でさえ、エアポケットに陥ることはある。鶴田の経験したことが、明日は我が身に降り掛かってこないとは限らないのだ。

山に登る者は、誰もがそのリスクを抱えていると自覚したほうがいいだろう。

群馬・上州武尊山　二〇〇二年五月

単独行

その日、深田洋子が仕事を終えて寮にもどってきたのは夜の九時ごろのことであった。

部屋に入るなり、深田は「あれ、おかしいな」と感じた。部屋の空気が、朝、出勤するときとまったく変わっていないように思われたからだ。

深田の部屋には、一昨日から友達の吉田香（仮名・当時三十四歳）が泊まりに来ていた。

吉田は、前に勤務していた山梨県内のリゾートホテルの同僚である。その後、深田は転職し、ここ群馬県片品村戸倉にある尾瀬高原ホテルで働いていたが、職場が変わってもふたりの交流は続いていた。

今回、吉田が深田の部屋に滞在していたのは、そこを拠点にして周辺の山に登ろうとしていたためである。山登りを趣味とする吉田は、この計画のために四、五日の休暇を取って戸倉に来ていた。深田は仕事があるので付き合えなかったが、吉田には部屋を「好きなように使って」と言ってあった。

吉田はその日の朝、まだ深田が寝ているうちに部屋を出ていった。前日の話では、日帰りで上州武尊山に登りにいくと言っていた。ところが、夜の九時になってもまだ帰ってきていなかったのだ。

もしかしたらホテルのお風呂に行っているのかもしれないと思ったが、入浴セットは部屋に置かれたままだった。変だな、と思った深田が同じ寮の友達に「吉田さんが武尊山に登りにいったまま帰ってこない」と相談すると、その友達は山に詳しい地元の知り合いに電話をしてくれた。事情を聞いた地元の人は、武尊山の登山口の場所、万一の場合の警察への届け出方法などを教えてくれた。

この時点で、すでに深田は嫌な予感を覚えていた。とりあえず登山口に行ってみようということになり、寮の友達とふたりで武尊牧場へと向かった。部屋を出る前には、念のため吉田の写真を持ち、彼女の自宅と職場の連絡先を控えておいた。

武尊山の登山口はいくつかあるが、スキーシーズンでも夏山シーズンでもない五月のこの時期はリフトも運行されておらず、吉田は山頂への最短コースをとっているものと思われた。だったら東俣沢の奥の駐車場に車を停めて登り出しているはずだ、と地元の人が言っていたので、そこへ行ってみると、案の定、吉田の車が停めてあった。

深田は何度か「香ちゃーん」と名前を呼んでみたが、なんの返事もない。持ってきた懐中電灯であたりを照らしてもみたが、なにも発見できなかった。

吉田の身になにかアクシデントが起こった可能性はいよいよ強まり、携帯電話が通じるところまで下りてくると、直ちに最寄りの尾瀬交番に電話を入れた。そのまま交番に立ち寄って詳しい状況を説明し、吉田の写真と連絡先を手渡した。その際に「捜索願いは家族の者からしか出せない」と聞かされ、あとのことは警察に任せることにした。

深田らが交番を出たとき、時刻はもう夜の十一時を回っていた。

娘が山で行方不明になっているという連絡を受けた吉田の両親と弟は、翌日、現地に駆けつけてきた。早速、登山口の駐車場に停めてあった車の検証が行なわれ、吉田が所属していた山岳会の名簿が車内から発見された。このときまで、自分の娘が山に登っていることを、父親と母親はまったく知らなかった。

二〇〇二（平成十四）年五月二十八日の朝、吉田はまだ寝ている深田を起こさないように注意しながら部屋を出て、自分の車で武尊山へと向かった。その夜もまた深田の部屋に世話になろうと思っていたので、山登りの装備以外の荷物は部屋に置いたままだった。

吉田がひとり住まいをしている山梨県内の社員寮を出発したのは、その三日前、五月二十五日の夜のことである。この日から四、五日休暇をとり、「泊まってもいいよ」という深田の言葉に甘えさせてもらい、彼女の部屋をベースにして群馬県内の山をいくつか歩くつもりだった。事前に群馬の山のガイドブックをぱらぱらとめくりながら漠然と立てた予定では、赤城山、燧ヶ岳、至仏山あたりを候補に考えていた。

群馬に向かう前には、埼玉県内にある実家に立ち寄って一泊した。翌二十六日は、朝、実家を出て赤城山に登り、その後、深田の住む寮へと向かった。二十七日は尾瀬の山に行く予定だったが、燧ヶ岳で滑落事故があったというニュースを聞き、

「そんなに雪があるんだったら、危ないからやめておこう」と思い、尾瀬ヶ原を散策するにとどめておいた。尾瀬からもどったあと、深田には「明日は武尊山に登ることにした」と伝えておいた。

吉田が山登りを始めたのは、ワーキングホリデイでニュージーランドに滞在していた二十代後半のころに、現地のミルフォードトラックやルートバーントラックなどを歩いたのがきっかけだった。帰国して間もなく富士山に登ろうと思い立ち、その足慣らしのために『山梨百名山』(山梨日日新聞社)を購入して大菩薩嶺と足和田山に登ったことから、ますます山登りに魅かれていくようになった。

当初の目標は、山梨百名山の踏破。山梨百名山に定められた山の山頂にはみな同じ標識が立っており、その前で記念写真を撮ってコレクションしていくことに喜びを見い出していた。

吉田は、仕事の休みを利用しては周辺の山へ出掛けていき、山梨百名山のピークをひとつひとつ踏んでいった。本は何度も何度も繰り返しひもといていたので、あっという間にボロボロになってしまった。

山行の約七割は単独行で、ちょうど山登りと同じころに始めたマラソンのトレーニングも兼ねて、どの山もコースタイムのほぼ三分の二で歩くことを目標とした。リゾートホテルの接客係という仕事柄、昼休みの時間が長くとれるため、ときにはそれを利用して仕事の合間に近くの山に登ってくることもあった。

山登りを始めた一年後には、「仲間と登ることでもっと視野を広げ、よりレベルアップを図るため」に地元の御坂山岳会に入会し、会の仲間と山行を共にするようになった。それでも割合からするとまだ単独行のほうが多かった。ほかのメンバーとなかなか休みが合わなかったのもその一因だが、そもそも吉田はグループで山を歩くよりもひとりで歩くほうが好きだったのだ。

「危ないことはわかっているんですけど、加藤文太郎さんを尊敬してしまうほど単独行が好きなんです。行きたくなければやめてもいいし、自分のペースで走るように登れたりもするし。単独行のほうが気楽に歩けますよね。もちろん、誰かがいっしょだったら、それに合わせることはできるんですけど」

単独行のときは誰にも行き先を告げないまま、気ままに山を歩いていた。同僚や友達に「また山?」と聞かれたときも、「うん、そう」と答えるだけで、どこの山へ行くとは言わなかった。

しばらくすると、山梨百名山と並行して日本百名山に登ることも吉田の目標のひとつになった。山登りを始めて二年目の山行回数は年三十二回、三年目が四十四回、四年目が二十回と、かなりのペースでピークを踏んでいった。

そして五年目の二〇〇二年五月。山梨百名山はすでに八十四山に登っていた。今回の上州武尊山は、二十八山目の日本百名山であった。

道迷いの自覚

武尊山の東麓、武尊牧場に近い東俣沢上流の駐車場に車を停めて登山道を歩きはじめたのは、午前十時半ごろのことだった。

数ある登山コースのなかからこのコースを選んだのは、滞在していた戸倉から登山口が近く、また山頂までの所要時間がいちばん短かったからで、時間的に余裕があれば、帰りは高山平から田代湿原のほうに回り、武尊自然観察遊歩道を経由してもどってこようと思っていた。ただし、それが急に思いついての決定だったことを吉田は否定しない。

「だから計画自体がなんとも甘かったんですよ。そういうところからしてダメでした」

装備は日帰りの山行を想定したもので、雨具、ヘッドランプ、コンパス、携帯電話、ストック、軽アイゼン、テルモスなどを持った。ただし地図は持っておらず、それをあとで深く反省することになる。

食料は、おにぎり二個、あんパン、カップラーメン、チョコレート、インスタントのカフェオレ、飴、ペットボトルのお茶二本など。服装は、長ズボンにTシャツ、ベストというふいつもの山登りのスタイル。ほかに長袖のシャツを持っていた。

稜線に出てしばらく行ったところで、下山してきた年配の夫婦とすれ違った。その際に「お姉ちゃん、意外と雪があるよ。アイゼン持っている？」と声を掛けられたので、「ええ、持ってますよ」と答えた。コース上で行き会った登山者は、この夫婦が最初で最後だった。

間もなくするとポツポツと残雪が現われはじめ、用心のために軽アイゼンを装着した。事前に役場に電話をかけて雪の状況を確認したときには「けっこう人が入っているから大丈夫ですよ」と言われたが、ところどころ雪が深く、潜って歩きにくいところもあった。

とはいえ、頂上まではさしたる問題もなく、いつものように標準コースタイムの約三分の二のペースで歩くことができた。

ただ一カ所だけ、「嫌らしいな」と感じた箇所があった。セビオス岳から中ノ岳へ向かう途中のクサリ場の手前に雪が豊富に残っており、「なんかここだけ、ルートがわかりづらいなあ」と思ったのだ。あとから振り返ってみても、道を間違えた場所はそこしか考えられない。今だったら目印になるものを置くべきだったと言えるのだが、そのときはただ目で確認しただけで、なにも手を打たないまま先を急いでしまった。

武尊山の山頂には午後一時過ぎごろに着いた。この日は朝から天気がよく、周囲の山々の展望を楽しみながら昼食をとり、カメラのセルフタイマーを使って記念写真を撮った。休憩時間は三十分ほど。ひとりだったので長居することもなく、山頂をあとにした。

その下山途中で道に迷った。だが、迷ったことに気づいたときは、コースを外れてまだそれほど時間が経っていなかった。「あ、これ違う」と思ったときにすぐ引き返せば、正しいルートにもどれたはずである。なのに吉田はそれをしなかった。

湯ノ小屋へ
戸倉へ
坤六峠
スゲノ沢
細久保沢
左ノ俣沢
タラ平沢
小日向らが車を
停めていた場所
ウソ倉沢
大倉沢
手小屋沢
宝台樹スキー場へ
木ノ根沢
深沢
タキガ沢
マキバの沢
右ノ俣沢
西山
1898
田代湿原
武尊自然
観察遊歩道
6/1、発見場所
大瀑
牛首山
1638
大沢
武尊田代
尾瀬岩鞍
スキー場
江戸沢
5/28〜6/1まで
吉田が彷徨
したと思われる
エリア
武尊避難
高山平
小屋
5/28入山
東俣沢
駐車場
手小屋沢
避難小屋
セビオス岳
オビレ沢
東俣沢
三合平
武尊牧場
スキー場
武尊山
2158
中ノ岳
カラ沢
西俣沢
獅子ヶ鼻山
1875
家ノ串山
クサリ場
剣ヶ峰・前武尊
2040
川場スキー場
N
0
1
2
3km
旭小屋へ
沼田へ

「すごくきれいな川があったんです。新緑と川の流れが美しく、ほんとに天国みたいなところでした。そこがまた遊歩道のようになっていて、しばらくは歩いていけちゃうんですよ。ええ、道を間違えていることはわかっていました。自分でも『あ、これ、はまってるはまってる』って思いましたから。でも、引き返せなかったんです」

道を間違えていると知りつつも、吉田は美しい風景に誘われるようにして沢を下っていってしまう。また、下っていく方向には赤い屋根の建物が見えたという。それを武尊牧場の建物だと決めつけ、だったら方向的には間違っていないから、なんとか下っていけるのではないかと思い込んでしまった。

だが、もちろんそう都合のいいように事は運ばない。遊歩道のように思えた踏み跡はいつしか消え、沢の様相は徐々に険しくなっていった。さすがに「これより先に進むとヤバイ」と思い、引き返そうかという迷いが生じはじめたときだった。足を石か木の枝にとられて転倒し、斜面を数メートル転がり落ちてしまったのである。

その瞬間、胸を強打して「うっ」と息が詰まったが、しばらくすると痛みは引いていった。ほかにケガをしなかったのは、不幸中の幸いだった。

5月28日午後1時過ぎ、上州武尊山山頂で記念写真を撮った吉田

落ちた場所は高さ七、八メートルほどの土の急斜面で、脇には沢が流れていた。沢の下流方向は崖のようになっていて、とてもそれ以上は下っていけそうになかった。

我に返った吉田は、落ちてきた斜面を登り返そうとした。ところが、手掛かりになるようなものがなく、登っていけないのである。土の上に出ている細い木の根や小さな石を持って登ろうとするのだが、体重を預けるには心許なく、木の根はすぐに切れ、石はゴロッと転がり落ちてしまう。とにかく、何度チャレンジしても這い上がれないのだ。

一時間ほど格闘したが、どうしても登れない。巻いて行けるようなところもまったくなかった。夕方六時ごろになって、とうとう音《ね》を上げた。

「登れないし、下りられないし。もう今日はここでビバークするしかないと諦めました」

吉田にとっては初めて経験するビバークであったが、不安や怖さはあまりなかったという。登れなかった斜面も、明日になって慎重にトライすればなんとかなるだろうと、前向きに考えることにした。それよりも、自分が帰らないのを心配した深

稜線部の残雪が、吉田の道迷いの原因となった

田が親に連絡を入れ、大騒動になってしまうことのほうが怖かった。

携帯電話は圏外になっていて、送信できないことを知りつつも、つい「今日は帰れそうにないけど、大丈夫だから心配しないでね」というメールを深田に打っていた。

日が落ちると、急に寒さを感じるようになった。持っていた長袖のシャツと雨具を着込み、さらにいちばん上から大きなビニールのゴミ袋をかぶった。ゴミ袋は防水対策のための必需品で、山に行くときにはいつも何枚か持ち歩いていた。が、まさかこんな使い方をすることになるとは思ってもいなかった。

夜はかなり寒かったが、「寝ないとダメ」と自分に言い聞かせた。その甲斐あってか、意外とよく眠ることができた。

彷徨

翌二十九日は、周囲が明るくなった六時ごろから再チャレンジを開始した。

息を殺すようにして、木の根や石をつかみ、そろりそろりと斜面を這い上がろうとした。しかし、昨日同様、たかだか数メートルの土の斜面がどうしても登れない。

ロッククライミングを経験しておけばよかったなと思っても、今さらどうしようもない。沢の対岸の斜面にもトライしてみたが、結果は同じだった。いっそ沢の流れに身を任せたほうが手っ取り早く下れるのでは、と思ってみたりもした。

途中で何度も休み休みしながら、右岸と左岸を交互に格闘すること数時間、やっとの思いで、落ちてきたほうとは反対側の斜面に這い上がることができた。

しかし、ホッとしたのも一瞬のことだった。斜面の上には、背丈以上もあるササ藪が待ち構えていた。

そのササ藪の切れ目からのぞく上空に、ヘリコプターが飛んでいるのが見えた。すでに救助要請が出されてしまっていたのだ。

「私のことを捜しているのはすぐにわかりました。私しかいないだろうって。『ああ、これはヤバイ』って思いました。で、一生懸命手を振ったんですが、まったく気づいてもらえなかったですね。雪の上にでも立っていたんだったら別でしょうけど、ササ藪のなかからいくら手を振ったって気づいてもらえないんですね」

ヘリが遠ざかっていってしまったあと、暑かったにも関わらず、吉田はいちばん上に雨具を着込んだ。グリーンのシャツよりは黄色い雨具のほうが目立つので、もう一度ヘリが来たときに発見されやすいだろうと思ったからだ。

ササ藪をかき分けながら進んでいくうちに、再び沢に出た。この沢を下っていけば武尊牧場に出るかと思ったが、しばらく行くと二俣になっているところで下れなくなってしまった。のちに地図で確認してみたら、断定はできないが、そこは西俣沢の上流部、カラ沢とシオビレ沢の出合のようだった。

やはり尾根に上がらなければダメかと気を取り直し、ササと闘いながら斜面を登っていった。ところどころ雪があるので軽アイゼンを装着して歩いていたが、ふと気がつくと、どこかで外れたらしく片方の軽アイゼンがなくなっていた。片足だけにアイゼンを装着しているというのは、不安定で非常に歩きにくかった。ようやく雪が消えたかと思うと、行く手にはまたもやササ藪が立ち塞がっていた。

とうとうその日は尾根までたどり着けず、横になるのに心地よさそうな倒木があるところでビバークをすることにした。

日が落ちると、空にはぽっかりと満月が浮かんだ。その満月をバックに、ヘリコプターが飛んでいるのが見えた。

「なんだかミュージカルの『ミス・サイゴン』のポスターみたいだって思いながら、

ヘッドランプを振り回し、『おーい、ここ』って叫んじゃいました。たしかにヘリが飛んでいたような気がしたんですけどね。あれは幻覚だったのかなあ」

三十日の朝も明るくなると同時に行動を開始した。この日もまたササ藪との闘いだった。見通しのきかないササ藪は、体力と神経を消耗させ、判断力を奪い、方向感覚を狂わせた。この時点で吉田は、自分がどのあたりにいるのか、どちらへ行けばいいのか、まったくわからなくなっていたものと思われる。

途中、ササ藪が途切れて展望が開けたところに出た。そこから見えた山が武尊山のような気がしたが、ピークの形が違っているようにも思え、確信は持てなかった。どうも変に視界がぼやけるなと思ったら、いつの間にか片方のコンタクトレンズがなくなっていた。

立ち止まると気が狂いそうになるので、がむしゃらに前へ前へと突き進んだ。もうちょっと行けばなにかあるだろう、あと少しでどこかに出るだろう。そう思いながら歩いているうちに主稜線を越してしまい、武尊山の北側の斜面に入り込んでいた。

そのことに、吉田はまったく気づかなかったという。ふつうに考えれば、稜線上には一般ルートがつけられているのだから、そこに出ればもう助かったも同然である。

ところが、吉田は一般ルートを見落とし、稜線を越えて反対の斜面に迷い込んでいってしまったのだ。それだけ気が動転していたのか、残雪で一般ルートがわかりにくくなっていたのだろう。あるいは、もしかしたら最初から北側斜面に迷い込んでいて、主稜線を越していないのかもしれないが、本人がどこをどう歩いたのかわからないと言っている以上、そのことを確認する術はない。

やみくもに歩いているうちに、一日目に見たような美しい川に出た。一瞬、自分が遭難していることを忘れ、カメラを取り出しそうになったほどきれいな川だった。

「でも、はっと我に返り、遭難しているんだから、いくらなんでも写真を撮っていちゃマズイよなと思って。あとになって、撮っておけばよかったなあと思いました」

しばらくその川を下っていったが、やはりどんどん急峻になっていって進めなくなった。ならばと斜面に取り付くと、またササ藪が現われた。そのササ藪をこいでいるときに、下に建物の屋根が見えたような気がした。一日目に見た赤い屋根の建物とは違うものだったが、「あっちにも下りられるんだ」と思ってその方向へ行くと、再び沢に出て、建物はいつの間にか見えなくなっていた。

その建物は幻覚だったのでは？　と尋ねると、吉田はこう答えた。

「いや、幻覚ではありませんでした。幻覚を見るほどおかしくはなっていなかったと思います」

沢を下っては行き詰まり、また斜面に上がってササ藪をこいではまた沢に出る。その繰り返しだった。ただがむしゃらに歩き続けた。クマが怖かったので、ときには歩きながら歌を歌った。沢を歩いているときはこまめに水を飲んでいたが、食欲はあまり感じなかった。なにも食べなくても、一週間ぐらいはもつだろうと思っていた。

ときどき、ヘリコプターの音が聞こえたような気もしたが、ササ藪のなかにいたのではどうせ見つからないだろうと、はなから諦めていた。

「とにかくササが辛いんです。痛いし、つまずくし。上のほうはほとんどササ藪なんですよ。そのササ藪を避けるために沢に逃げるんですが、やっぱり沢は下れなく

なって、ササ藪を行くしかなくなっちゃうんです。もう一生見なくてもいいってい
うぐらいのササを見ました。おかげでササがすっかり嫌いになってしまいました」
結局、この日も山中を彷徨《さまよ》っているうちに一日が終わり、昨日と同じような倒木
を見つけてそこで夜を明かした。

遭難三日目の三十一日になると、さすがに疲れを覚えるようになってきた。片方
のコンタクトレンズをなくして、ものが見えにくくなっていることも、疲れに輪を
かけていた。

沢沿いを下っていた昼ごろ、眠気が襲ってきたので、その場に腰を下ろして休む
ことにした。自分でも気力が萎えていることがはっきり自覚できた。

このときに吉田は両親宛に遺書を書いている。小さな手帳にしたためられた遺書
は三ページにわたる。

〈お母さん、お父さん、本当に親不孝でごめんね。でも私としては、大好きな山で、
いちばん楽しい悩みのないときに死ねるのも悪くないかななどと思ってきました〉
という書き出しで始まり、これまでの経緯を簡単に説明し、最後は〈だんだん眠く

なり、気力も落ちてきたので一応書いておきます。でも足は動いているので、行けるとこまでがんばります。今回の私の最大のミスは地図を持っていないことかも〉で結ばれている。

遺書を書いたときを振り返って吉田が言う。

「このときはちょっとだけ『死んでもいいかな』と思いました」

だが、それは疲労のため弱気になっていただけで、死を現実的なものとして受け入れるまでの心境には至っていなかった。

少なくとも歩いているときには、自分が死ぬことなどまったく考えはしなかった。自分は元気でいるのに、それを親や友達に伝えられないもどかしさ、ゆえに彼らに心配をかけてしまっているという申し訳なさが心に重たかった。もっとも、そのことばかり気にしていたわけではなく、歩きながら頭に浮かんでくるに任せていろいろなことを考えていた。

「そうですねぇ……。そうそう、ちょうど日本でサッカーのワールドカップが開催される年だったんですよ。で、アイルランドの友達が翌週に来ることになっていたので、早く下りないと会えないじゃないとか、キムタクのドラマの続きはどうなったんだろうとか、そんなことを考えていましたね」

この日もまた下にはたどり着けず、三度目のビバークを迎えた。月が変わって六月一日になった。遭難して四日目である。疲れてはいるが、天気が崩れないのはツイていた。

今日こそは下におりよう。そう心に誓ってビバーク地をあとにした。

警察官と民間救助隊員による吉田の捜索は、二十九日から始められていた。警察から連絡を受けた御坂山岳会も、三十一日に先発隊を、一日に後発二隊を現地に派遣し、捜索隊と合流して捜索活動を行なっていた。

しかし、捜索は難行した。ヘリによる空からの捜索では発見できず、地上の捜索でも手掛かりを得られないでいた。

尾瀬高原ホテルで働く深田のもとへは、警察からたびたび電話がかかってきていた。そのほとんどは、捜索隊が山で見つけた帽子などの遺留品が、吉田のものかどうかを確認するための電話だった。吉田とも何度か山に登り、またしばらくいっしょに働いていた深田には、吉田の服装の趣味がだいたいわかっていた。が、照会さ

寝心地のよさそうな倒木を見つけて吉田はビバークした。写真は31日、3度目のビバーク地点

れる遺留品はいずれも吉田のものではなさそうだった。

吉田の携帯には何度も電話をかけてみたが、一度もつながらなかった。仕方なく、留守番電話にメッセージを吹き込んでおいた。当時の気持ちを、深田はこう振り返る。

「最初の二日間ぐらいは、香ちゃんのことだからどうにか帰ってくるだろうと思っていたんです。ただ、山の上のほうにはまだ雪が残っていたので、滑落していないかとか、冬眠から覚めたクマに襲われていないかとかいうのがすごく心配でした。私の仕事は接客業なんですけど、仕事をしていても、もう気が気じゃありませんでしたね」

事の経緯を知るホテルの同僚や上司は、そんな深田に「大丈夫だよ」と声を掛けて力づけた。だが、遭難して三日目になると長期化するのではという見方が強くなり、誰もあえて口にこそ出さないが、「もうダメなんじゃないか」という雰囲気が漂いはじめていた。それを敏感に感じ取っていた深田は、仕事に行くのが憂鬱で憂鬱で仕方がなかったという。

吉田の両親はずっと現地に滞在したまま、祈るような気持ちで捜索の進展を見守り続けていた。が、三日経っても見つからないことから、行政ヘリでの捜索の打ち切りもやむを得ない状況になりつつあった。そこでふたりは、民間ヘリに捜索を依頼することを検討しはじめていた。その費用を捻出するために「田んぼを売るしかないな」と考えていた。

教訓

その日、群馬県佐波郡赤堀町に住む小日向保夫（仮名）は、山菜を採るため、義理の弟の岩田康弘（仮名）とともに武尊山北麓を流れる木ノ根沢沿いの山道を軽トラックで遡っていた。右手から大沢が合流する地点に軽トラックを停め、積んできた二台のバイクを下ろすと、今度は大沢沿いの林道をバイクで遡っていった。

大沢の枝沢で山菜を採り、さらに大瀑のあたりに移動しようとしていた午前十時過ぎごろ、岩田が走らせていたバイクの前に突如、人が飛び出してきた。吉田である。

ササ藪の斜面を下ってきた吉田が、ようやく林道に飛び出して「助かった」と思ったまさにそのときに、ちょうど岩田のバイクが通りかかったのだった。

「まだ余力が残っていたから、道にさえ出ればなんとかなると思っていました。でも、林道に出て、そこをずっと歩くことになっていたら、けっこう距離があったので大変だったかもしれませんね。たぶん歩けたとは思いますが……」

無我夢中でバイクに駆け寄った吉田は、「助けてください」と第一声を発した。

「私、遭難して四日間行方不明になっている者なんですけど、ご存知ないですか?」

言われてみれば、たしかにそんなようなニュースが流れていたことを、岩田は思い出した。吉田の表情には、さすがに疲労の色が濃かった。ササ藪をこいできたためだろう、顔にはたくさんの擦り傷がついていた。

岩田はバイクのうしろに吉田を乗せ、そこから一〇〇メートルほど下流で山菜を採っていた小日向のところへ行き、「おーい、拾いもんをしてきちゃったよ」と声を掛けた。

遭難の大まかな経緯を聞いた小日向と岩田は、吉田を尾瀬高原ホテルまで送っていくことにした。「戸倉のホテルに友達がいて、たぶん彼女が救助要請を出してくれただろうから、そこへ行けば話が早い」と吉田が言ったからだ。携帯が通じればすぐに連絡を入れられたのだが、あいにくその一帯は圏外だった。

軽トラックを停めた地点までもどってきたところで、小日向は「食べるかい？」と言っておにぎりを差し出した。最初、吉田は遠慮して「大丈夫です」と辞退していたが、「遠慮するなよ。オレたちは一食ぐらい食べなくても大丈夫だから」と勧めたら、「それじゃあ」と言ってペロッと三個ほど平らげてしまった。

照葉峡から坤六峠を越え、笠科川沿いの林道をたどり、約一時間後に尾瀬高原ホテルに着いた。

そのとき深田はレストランの厨房で働いていた。そこへ突然「洋子ちゃん！」という叫びに近いような声が響き渡った。「えっ、なに？」と思って声のしたほうに目をやると、同僚が「あの子が、あの子が……」と言いながら駆け込んできた。慌てて厨房を飛び出していくと、そこには真っ黒に日焼けした吉田が立っていた。

吉田の無事な姿を見て、深田は思わずその場にへなへなと座り込んでしまった。

「腰が抜けちゃったんです。初めて経験しました。ほんとにすぽんと抜けたような感じで、立ち上がれなくなっちゃいました」

ふたりは抱き合って再会を喜び合った。吉田は涙を流しながら、何度も「ごめんね、ごめんね」と繰り返した。

ホテルにはちょうど吉田の両親も居合わせており、歓喜して娘を迎え入れた。吉田の勤務先の社長と専務と部長も駆けつけてきて、「生きていたか」と喜びの声を上げた。深田からの連絡を受けて、すぐに警察官もやってきた。前夜のうちに武尊牧場近くの民宿に入り、この日は朝から捜索を始めていた御坂山岳会の仲間にも、すぐに「無事、自力下山」の報が届けられた。

連日の捜索でなんの手掛かりも得られず、焦燥感が大きく膨らんでいたところへ当の本人がひょっこり現われるとは、誰も思ってもいなかった。半ば諦めムードさえ漂っていたのだ。それだけに関係者の驚きと喜びはいっそう大きかった。

肉親や友人らとの再会の様子を見ていた小日向がこう言う。

「発見されたときは、『これで助かった。生きて帰れた』という気持ちが大きかったんでしょうね。安堵感いっぱいの様子でしたが、車の中ではだんだん落ち着いてきて、ホテルに着くころにはふつうの人になっていました。さっきまで遭難していた人が、こんなに早くふつうの人にもどっちゃっていいのかなって思うぐらいでした」

ホテルに着いたとき、関係者から「検査が必要か?」と聞かれたが、「いえ、全然元気です」と答えた。せいぜいササの藪こぎで擦り傷を負ったぐらいで、目立った外傷や凍傷はまったくなかった。ただし、足だけは筋肉痛でパンパンに張ってしまっていた。

「ろくになにも食べず、四日間も山のなかを歩き回っていたのに体重は全然減らず、足だけが逞しくなってしまいました」

自力下山したその日の夕方、吉田と家族らは御坂山岳会のメンバーが泊まっている武尊牧場近くの民宿に移動し、ささやかな酒の席を設けた。それは、吉田の身を案じ、捜索に協力してくれた人たちへの陳謝と感謝の気持ちを込めたもてなしだった。


山梨にもどるとすぐ、世話になった人たちすべてに謝罪の手紙を書いて送った。親からは「もう山登りはやめなさい」と言われたが、それだけは承服しかねた。「まだ山に行く気なの?」「懲りないねえ」などと呆れる人もいたが、意に介さなかった。

「開き直りも早いんです。一週間後には自分で生還パーティを開いちゃうぐらいですからね。でも、前向きに反省はしましたよ」

深田からは「たとえ低い山でも、必ず誰かと登るようにして」と言われ、その言いつけを守って半年ほどは単独行を控えていた。が、やはり山岳会の仲間とはなかなか休みの日が合わず、しばらくするとまたひとりで山を歩くようになっていた。

会には吉田と同じようにひとりで山を歩いている女性がいて、事故のあとに手紙をもらった。それには「みんなは単独行はダメだって言うけれど、やっぱりいいよね」と書かれていた。

「ひとりだからこそ楽しめる山もあるし……。そこのところはほんとうに微妙だと思います。自分としては、どっちも並行して続けていきたいんですけどね」

事故の翌年の二〇〇三年十月には、現地ガイドを付けてマレーシアのキナバル山に登り、初の海外登山を経験した。さらに同年十一月九日、三石山のピークを踏み、念願だった山梨百名山を登り終えた。次の目標である日本百名山は、二〇〇五年十二月の時点で残すところあと二十八山になっている。

「でも、結果的にあのとき遭難したことはよかったと思います。数だけはけっこう登っていて、ちょっと油断が生じていたときにやっちゃいましたから。無謀な私を止めてくれたみたいな。じゃないと、ひとりでは行けないような山にも勢いで行っちゃっていたかもしれません。遭難して以来、人に相談するようになったし、難しい山へはツアーに参加して行くようになったし。慎重になりましたよね」

この遭難事故の最大の要因を、吉田は「地図を持っていなかったこと」だと考えている。それまではガイドブックをコピーして持っていっていたが、事故のあとにはしっかりした登山地図をそろえ、山行には必ずそれを持つようにしている。

事前の下調べの重要さも実感した。山行の前には地元の役場に何度も電話をかけて、登山道や入山者や積雪などの状況を必ず聞くようになった。その結果、自分には無理そうだと判断したら、すっぱりと計画そのものを諦めた。武尊山では残雪でひどい目に遭ったので、残雪の時期の山行は敬遠することにした。天気予報もよくチェックして、天気が崩れそうなときは迷わず計画を延期する。

また、どんな山行であっても、ライターと発炎筒とツエルトだけは必ず装備に加えた。さらに、常にテープを携行し、迷いそうなところにはテープで印を付けながら登る習慣も身についた。

「この間も新潟の平ヶ岳へ行ってきたんですが、倒木がけっこうあって意外とわかりづらいんです。だから倒れた木にテープを張りながら登りました。紛らわしい場合は下るときにはがしてきますけど、ほかの人も迷いそうだったら張ったままにしておきます」

そうやっていても道を間違えてしまうことが、事故後にも何度かあった。が、いずれの場合も「おかしいな」と思った時点ですぐに引き返し、間もなく正しいルートにもどることができた。

出発時間も早くなった。前夜のうちに車で登山口まで入り、仕度を済ませてから車内で睡眠をとり、翌朝四時か五時には行動を開始するようにしている。武尊山のときのように十時を過ぎてから歩き出すようなことは、もうない。

事故を起こすまでは、山登りはマラソンのためのトレーニングのひとつでもあり、標準コースタイムをどれだけ短縮できるかということに楽しみを見い出していた。今はできるだけゆっくり歩くことを心掛けている。最近は、歩きながらデジカメで写真を撮る余裕も出てきた。

登山届の提出も必ず行なっている。出発前に登山計画書を四部コピーし、一部は会に、一部は友達に渡し、一部は登山口の登山届のポストに入れ、もう一部は車の中に置くようにしている。

とりあえず今は日本百名山の踏破を目指すが、達成後に二百名山、三百名山を目標にするのかどうかはまだわからない。山登りを始めたばかりのころに比べると、体力もモチベーションも落ちていることを自覚せざるを得ない。そのことについては、百名山が終わった時点でゆっくり考えるつもりだ。

ただ、ハイキングだけは一生続けていくであろうことは、間違いないと思っている。

北信・高沢山　二〇〇三年五月

ファミリーハイク

この遭難事故については、マスコミに大きく取り上げられたので強く印象に残っている。それは過熱気味の報道といってもよかった。ほかに大きなニュースがなかったせいか、近年の国内の遭難事故にしては異例の扱いだったと思う。

それほど大きく騒がれたのは、これが父親と高校生の娘の遭難事故だったからだろう。

昨今、伝え聞かれる父親と高校生ぐらいの年ごろの娘との親子関係は、決して良好とは言い難いようだ。娘は父親を「うざい」と言って敬遠し、そんな娘を「理解できない」と言って父親は嘆く、というようなイメージが広く浸透しているなか、「父親と女子高生の娘がいっしょに山に登って行方不明になった」というニュースが流れたわけである。「今どき父親といっしょに山に登る女子高生がいるのか」「どんな親子関係が築かれていたのだろうか」と、世間が興味を示すのは自然の成り行きであったように思う。

もしこれが父親ひとりだけの遭難事故だったら、テレビでは取り上げられず、新聞紙上では小さなベタ記事にしかならなかったはずである。

かくいう私も、このときの騒動に乗せられたひとりである。遭難者が救出されたときに、テレビ局にコメントを求められたのだ。そのときは助け出されたばかりで、まだ詳細がわかっていなかったため、遭難についての一般論的なことを述べたような記憶がある。

だが、テレビ局がいちばん強調したかったのは、やはり〝親と子の絆は強かった〟という点だったようだ。その類いのインタビュアーの質問に、「こういう状況下では、ひとりよりはふたりのほうが心強いはずですから……」ということをぼそぼそ喋りながら、「なるほど」と心の中では思っていた。「ひとりじゃなかったから、父親と娘がいっしょだったから、生きて還ってこられたのだ」ということであれば、それは幻想としても世のお父さんたちにささやかな夢を与えることになる。逆に「お父さんがしっかりしていないから遭難しちゃったんじゃないの」「お前が先にスタスタ行くからだ」といったやりとりがあったとしたら、あまりにも現実的すぎて視聴者は興ざめしてしまうだろう。そのあたりの効果を、テレビ局は考えていたのだと思う。

この事故から一年半ほどが経って、当事者である父親に会って話を聞いた。そのインタビューの最後のほうで、彼はこう言った。

「なんといっても、ひとりじゃなくてふたりだったからよかったんですよね。お互い助け合えたから。今、もしひとりだったらと考えると、たぶん気が狂っていたでしょうね」

二〇〇三（平成十五）年五月二十四日の朝六時ごろ、高橋修（当時四十五歳）は、妻と三人の娘の計五人で足利市の自宅を車で出発した。毎年この時期、妻方の親戚が草津に所有しているリゾートマンションに家族で泊まりに行くことが高橋家の恒例行事となっていた。その途中で立ち寄ったのが野反湖だった。

家族で野反湖を訪れるのはこのときが初めてではなく、三、四年ほど前からは草津に行くついでに湖をドライブするのがお決まりのコースであった。前年にはみんなで釣りも楽しんだという。湖の周辺にハイキングコースが整備されていることは知っていたので、機会があればいつか行ってみようと思っていた。それを実行に移したのがこの年だった。

高橋が友達の勧めで山登りを始めたのは二十歳を過ぎてからである。その魅力を、「山に登ってきれいな空気を吸ったり、きれいな景色を見たりすると、それが快感になってまた行こうという気になってくる」と語る。もっぱら低山歩きを好み、足利周辺の山をはじめ、那須や尾瀬などでのハイキングを一、二年に一度ほどのペースで楽しんできた。山行回数こそ多くはないが、山でバテないように体力づくりには気を遣っていて、今も週に一度はプールに通って二〇〇〇メートルを泳ぎ切る。

三人の娘が小学校に入学してからは、家族でハイキングを行なうようになった。この日の野反湖畔のハイキングも、その延長としてのものだった。

五人は十時に富士見峠の駐車場を出発。弁天山を過ぎた分岐のところで早めの昼食とし、途中のコンビニで買ってきたおにぎりなどを食べた。

昼食後、ここで五人は二手に分かれている。妻と上のふたりの娘が「私たち、バテてきたからここで引き返す」と言って湖畔への道を下りていき、高橋と末の娘は先の高沢山まで足を延ばすことにしたのだ。高橋によれば、三人の娘のなかでは末の娘がいちばん体力があり、小さいころからあちこち連れて歩くことも多かったという。

高沢山からは三壁山経由で野反ダムのほうに下りようと考えていた。そこから携帯電話で妻と連絡を取り合い、車をダムまで回してきてもらうつもりだった。富士見峠の駐車場からダムまでは、車でわずか十分ほどの距離である。

妻たちと別れた高橋と末娘は、高沢山へと続くハイキングコースをたどっていった。天気は晴れで、エビ山からは周囲の眺望が楽しめた。その先、道は尾根どおしに行くようになる。日陰にはちらほらと残雪が見かけられたが、気にするほどではなかった。

妻から電話がかかってきたのは、エビ山を過ぎて高沢山へ向かっているときだった。三人は湖畔沿いのコースをとって駐車場までもどろうとしたのだが、残雪が多くて通行できないため、往路と同じ弁天山経由でもどることにしたという連絡だった。電話を切る間際、妻は「雪があるから気をつけてね」と付け加えた。

高沢山にはちょうど午後一時ごろに着いた。ここからカモシカ平を往復した。カ

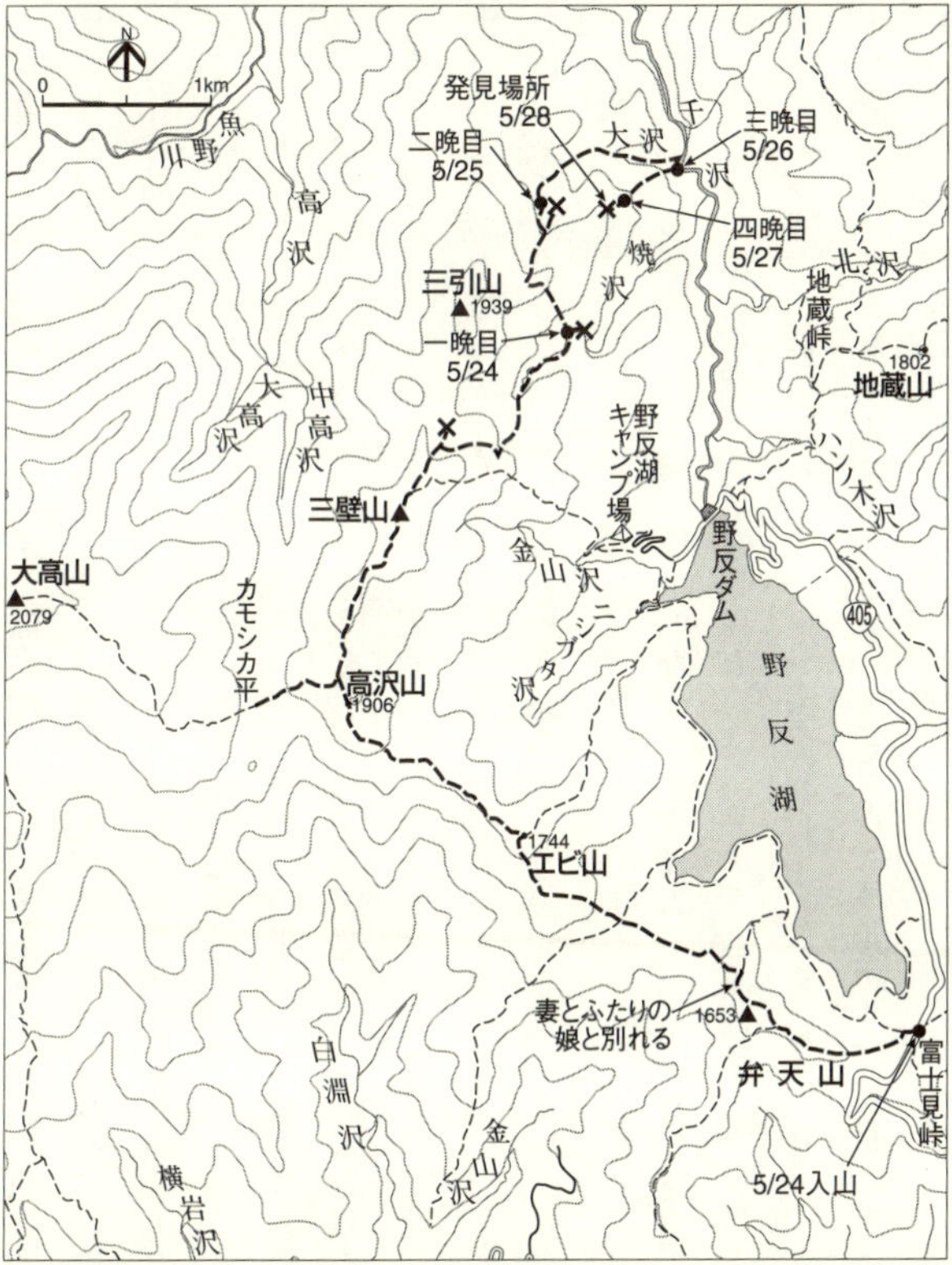
N
0
1km
魚野川
高沢
発見場所
5/28
二晩目
5/25
大沢
千沢
三晩目
5/26
四晩目
5/27
三引山
1939
焼沢
北沢
地蔵峠
一晩目
5/24
1802
地蔵山
大高沢
中高沢
野反湖キャンプ場
ハンノ木沢
三壁山
野反ダム
金山沢
大高山
2079
カモシカ平
ニシブタ沢
405
野反湖
高沢山
1906
1744
エビ山
妻とふたりの娘と別れる
1653
富士見峠
白渕沢
弁天山
金山沢
横岩沢
5/24入山

モシカ平は高沢山の西に位置する標高約一八〇〇メートルのササ原の大斜面で、七月にはニッコウキスゲの大群落を目にすることができる。もちろん高橋が訪れたときは花の時期にはまだまだ早く、ふたりはあたりを散策して引き返してきた。ハイカーの姿も、弁天山から先ではひとりも見かけなかった。

高沢山直下の分岐にもどってきたのが、午後二時半ごろだという。ここで高橋は、予定どおり野反ダムへ下りるか往路を引き返すか逡巡したことを認める。

「今から思えば、来たコースをもどってくればよかったんですけどね。でも、あとちょっとの登りで三壁山だったし、そこからはもう下る一方だから。行程的にも半分以上来ていましたし、だったら達成感のほうを優先しようということで強行しちゃったんです」

高沢山から三壁山までは、標準的なコースタイムで三十分強の登りである。勾配はさほど急ではなく、三壁山の標高も二〇〇〇メートルに満たないのだが、登るに従って再び残雪が見られるようになった。それが多くなるにつれ、「大丈夫だろうか」という不安が膨らんできた。が、「とりあえず頂上までは行ってみよう」と思い、そのまま歩を進めた。

八間山登山道から望む弁天山（中央）の夏の写真

三壁山のピークは、すっかり雪に覆われていた。到着は三時ごろ。雪が踏まれた跡はまったくなく、ここ数日は誰も登ってきていないようだった。

高橋は再び迷った。あとは下るだけだったが、これほど雪が残っているとは予想していなかった。持ってきたガイドブックの地図を見ると、野反ダムへ下りるコースは山頂から右にカーブしていくように付けられていた。結局、そのとおり行けば間もなく雪も消えて道が現われるだろうと判断した。

「それが運命の分かれ道になってしまったわけです」

山頂から雪の上を二、三〇メートル歩いていったところで、木に結びつけられている赤いリボンが目に入った。リボンはその先の木の枝にも結びつけられていた。これを高橋はコースを示す目印だろうと思い、見落とさないように注意しながらたどっていった。

しかし、それは登山コースを示すものではなかった。この時点で、ふたりは知らず知らずのうちにコースを外れ、上信越国境の深い山のなかへと迷い込んでいってしまったのである。

高沢山からカモシカ平を往復した。写真はカモシカ平での高橋

のちの検証によれば、ふたりは群馬・長野県境に沿ってつけられている正しいルートをたどらず、北側の長野県の山中に入り込んでいっている。そちらは北側斜面になるため残雪も多く、一歩を踏み出すたびに足首まですっぽりと雪の中に潜ってしまったという。高橋は革製の登山靴を、娘はトレッキングシューズを履いていたが、雪の上を歩いているうちに靴の中は徐々に濡れてきた。しばらくはなだらかだった斜面も少しずつ傾斜がつきだして、急斜面に変わってきたあたりで赤いリボンも途切れてしまった。

ガイドブックを見ると、三壁山から野反ダムへのコースは勾配がきつく、急坂もあると書かれていた。「これがそうなのかな」と思いながら、高橋が先導し、そのあとに娘が続いた。どうにかスリップせずに急坂を下り終え、ほっとひと息ついたとき、「キャッ」という悲鳴が聞こえてきた。ハッと振り返ると、娘が雪の上を滑り落ちてくるのが見えた。慌ててその場に足を踏ん張り、落ちてきた娘を抱きかかえるようにして止めようとしたが、勢いがついていたため止めることができず、滑落に巻き込まれてしまった。

夏の、高沢山北鞍部から大高山方面への分岐点

娘といっしょに雪の上を滑り落ちていきながら、「ヤバイ、これで死ぬんじゃないか」という思いが頭をよぎった。しかし、次の瞬間、張り出していた立木の枝にふたりの体がうまい具合に引っ掛かり、どうにか滑落は止まった。滑落距離は数十メートル、ふたりともケガひとつ負わなかったのは幸いだった。

ふたりが滑落した急斜面は、ピッケルとアイゼンなしではとても登り返せそうになく、そのまま下り続けていくしかなかった。またそこは沢に雪が残っているところだったので、なんとなく歩いていけそうな道に見えた。もしかしたら道に迷ったのでは、という疑念がなかったわけではないが、まだ確信するまでには至っていなかった。

だが、下っていったその沢が間もなくして滝に行き当たり、さすがに「これはおかしい」と思った。それ以上先には進めないので、仕方なくわずかに登り返し、右側の斜面のササ藪のなかに続いていた不明瞭な獣道へと入っていった。が、密生するササをかき分けて進むうちに、いつしか獣道は消えていた。

どこをどう歩いているのかわからないまま尾根をひとつ越え、再び沢に出たところで妻から電話がかかってきた。このとき高橋は妻に「今、下山しているところだ。

八間山登山道付近から望む夏の野反湖西岸の山々。中央は高沢山で、右に三壁山

下に着いたら電話する」と告げている。道に迷ったらしいということは、あえて言わなかった。妻を心配させたくないという気持ちが強かったからだ。

冷静に考えてみれば、道に迷ったことは明らかだったはずだ。妻から電話がかかってきたのは五時半。そろそろあたりが暗くなってきたころである。焦りがあったことは、高橋自身も自覚している。おそらく、このときの高橋の頭のなかは、「完全に日が落ちないうちにダムまで下り着かなければ」という思いでいっぱいだったのだろう。もし道に迷ったことを認めてしまうと、その日のうちに下山できないという現実をも認めることになる。高橋は、なによりそれを恐れたのではないだろうか。

迫り来る闇に背中を押されるようにして、ふたりは沢を下り続けた。残雪に埋められた沢は、一見なだらかなように見えた。が、なんの警戒心も持たずに歩いていた高橋の左足がすっぽりと雪の中にはまってしまったとき、下に空いた穴を見て高橋は思わずぞーっとした。残雪の下は、ぽっかり口を開けたクレバスのように空洞になっていたからだ。

「こんなところを歩いていたのかと。あの中に落ちていたら、大ケガをするか死んでいたか。そういうことが一回だけありました」

先導する父親のうしろを、娘は黙々とついてきた。だが、またしても滝に行く手を塞がれてしまった。周囲には夕闇が迫りつつあった。もうそれ以上行動することは危険であり、ビバークを決断するしかなかった。

「おい、これ以上進むのは無理だから、ここでビバークしよう」

そう告げたとき、娘は「仕方ないわね。お父さんには従わざるを得ないわ」というような表情を浮かべたという。

あたりを見回してみると、斜面と残雪との間にちょうどふたりが入れるぐらいの隙間が見つかった。足を突っ込んでみて足場がしっかりしていることを確認し、そこで一夜を明かすことに決めた。

装備に関しては、ふたりとも軽装だった。高橋は薄手の長袖シャツにベスト、それに薄手のヤッケと長ズボン、娘は長袖シャツにジーンズの上着、長ズボンという服装で、防寒具は携行していなかった。持っていたものは、非常食、ペットボトル入りのスポーツドリンクとお茶、医薬品、雨傘、携帯電話、カメラ、ガイドブック、コンパス、ナイフぐらい。非常食は、途中のコンビニで買ったアメやチョコレートなどの菓子類のほか、末娘が数日前に作ったクッキーがあった。まさかこんな事態に陥るとは思ってもいなかったので、ヘッドランプもコンロもツエルトも持っていなかった。

夜になっても下山してこないふたりを、妻とほかの娘たちはとても心配しているはずだった。せめて「無事だ」とひとこと伝えたかったが、ビバーク地点からは携帯電話の電波は届かなかった。高橋の携帯電話は出発時に電池の残量が半分ほどしかなかったため、その日の夜のうちには電池切れで使えなくなってしまった。フル充電されていた娘の携帯電話は、液晶画面の明かりで暗闇を照らすのに役に立ったが、イザというときに電池切れで使えなくなることを恐れ、以降、電源を切っておくことにした。

春真っ盛りの五月の下旬とはいえ、まだ残雪が豊富な標高二〇〇〇メートル近い山のなかである。「寒さはハンパじゃなかった」という。タバコを吸う高橋はライターを持っていたので、周囲に落ちていた木の枝やササの葉などを集めてきて焚き火を起こそうと試みた。が、濡れているためそう簡単に火はつかず、ようやくついたと思っても数分で消えてしまった。仕方なくガイドブックのページを一枚一枚破っては燃やし、ふたりでわずかな暖を取り合ったが、しばらくするとそれも尽きてしまった。

地面にじかに横になると冷えが伝わってくるので、少しでも寒さを防ぐため、ナイフで切ってきたササの葉を下に敷き詰め、上からも布団代わりにかけた。それでもガタガタ震える娘をなんとかしてやらなければと思い、高橋は彼女を抱きかかえて横になった。

寒さでとても眠るどころではなかったが、気がつくとうつらうつらしていた。長い長い夜を過ごす間、高橋が考え続けたのは、明日はどうするか、ということだった。

「ビバークを決めた時点で、『こりゃあ完全に迷ったな』とわかりました。でも、このまま下りていけばダムに出られるだろうと思ってました。来た道を登り返すことは考えませんでしたね。引き返していっても、滑落した箇所を登れるとは思えませんでしたから」

翌朝は、あたりが明るくなってきた六時ごろから行動を開始した。滝に阻まれ沢を下っていくことはできないので、左側の斜面を登っていくことにした。それが野反ダムとはまったく逆方向であることを、このときの高橋はまだ知らない。

草丈二メートル以上もあるササの藪の中を、泳ぐようにして登っているときだった。ヘリコプターのローター音が聞こえてきたかと思うと、ヘリがふたりのほうに近づいてきて、すぐ目の前の空中で静止するのが見えた。前夜、ふたりが帰ってこないことを心配した妻が群馬県警に届け出、この日の早朝から捜索が始まったのだった。

ヘリの中の救助隊員は、前夜ビバークしたあたりを捜しているようだった。ふたりは「おーい」と大声で叫びながら、ヘリに向かって大きく手を振り、また周囲に立ち塞がるクマザサを揺すった。が、その姿は深いササ藪に隠され、声もローター音にかき消されて届かず、間もなくするとヘリはどこかへ飛び去ってしまった。

気落ちしたまま、ふたりは黙々と藪をこぎ続けた。十二時ごろ、やっとのことで尾根上に出たときには、前夜の睡眠不足と藪こぎの疲労で高橋の意識は朦朧としていた。そこは小高い丘状になっていて、目の前には鞍部を隔ててどっしりとした印象の山が横たわっていた。

ふと目を凝らすと、その山の中腹あたり、鞍部の上の斜面で、雪の上を滑り下りているスノーボーダーの姿が目に入った。「これで助かった」と思い、急いで鞍部まで下りてみたが、先ほどのスノーボーダーの姿はどこかへ消え、目の前には雪の斜面だけが広がっていた。朦朧とした意識が幻覚を生んだのだった。

高橋がボーダーの幻覚を見た山は三引山だった。地図のない高橋にはそれがわからない。

このとき、鞍部から三引山に登っていれば、山頂からそのまま尾根をたどって三壁山までもどることができたかもしれない。だが、鞍部からどっちへ行こうか悩んでいたときに、またもや幻覚が現われた。なだらかな斜面が下っていっている右側の沢の下のほうに、車が停まっているのが見えたのだ。

高橋は「山菜かキノコでも採りに入ってきた人がいるんだな」と思い、沢のほうにルートをとって下っていったのだが、そこに着いてみると車は跡形もなく消えていた。楽なほうへ、楽なほうへ行きたいという潜在意識が生んだ幻覚であった。

その先でも、雪渓の向こうにダムと人家が見えた。しかし、それを目指して下りていくうちに、いつの間にか見えなくなってしまい、「やっぱり幻覚だったのか」

と気づいたときには険しい谷あいのなかに入り込んでいた。それ以上は前進できそうになかったので引き返しはじめると、今度は右側の山の斜面の向こうに車の置かれた駐車場があり、車の周りを人と犬が歩いているのが見えた。「オーイ」「オーイ」と何度も叫びながらそちらへ向かったのだが、行けども行けども駐車場も人も犬も現われなかった。

幻覚だけではない。幻聴にもまた悩まされた。木の葉が擦れ合う音が人の声や車のエンジン音に聞こえ、そのたびにあたりを見回した。

沢を下っては行き詰まり、藪をこいで別の沢に出て再び下りはじめる。昨日今日と、その繰り返しだった。いったい自分たちがどのあたりにいるのか、まったく見当もつかなかった。そうこうしているうちに日が暮れてきて、やむなくビバーク二日目の夜を迎えることになった。

その夜の寝場所は、太い木の切り株の根元にぽっかりと空いた洞の中。ふたりはクマが冬眠でもしそうな洞の中に入り込んで、寒さをしのいだ。

この先、いつ助かるかわからないので、非常食は少しずつ口にしたが、ノドが常にカラカラで、なにを食べているのかもわからなかった。このような状況下に置かれると食欲がなくなることを、高橋は身をもって体験した。

藪こぎにつぐ藪こぎで疲労困憊していたのだろう、その夜はあまり寒さを感じることなく、横になるとすぐに睡魔が襲ってきた。

携帯電話

道に迷って三日目の二十六日も、残雪で埋まった沢をどんどん下りていった。下っていけば人家のあるところに出られるだろうと、単純に思い込んでいた。

天気はその日もよく、歩き疲れて横になって休んでいると、日だまりの暖かさが心地よく、ついつい寝入ってしまうことが何度かあった。その間、娘も近くで休んでいるのだが、何度目かの休憩のとき、しばらくして目を覚ましてみると、そばにいるはずの娘がいないことに気がついた。

「娘が見当たらず、すっかり気が動転しちゃいましてね。引き返すことはしないだろうなと思って先に行ってみたら、案の定、雪渓の上をひとりでとことこ歩いていました。『ちょっとでも足を滑らせたら、命がないかもしれないんだぞ』って怒りましたけど。本人にしてみたら、『早く助かりたい』っていう気持ちだったんでしようね」

下るに従い残雪は少なくなり、沢には水が流れるようになった。やがて、下っていく先に大きな沢が合流しているのが見えてきた。ふたりが下っていたのは大沢で、合流していたのは野反湖を源とする千沢であることを、高橋はのちに知る。

その千沢に出るためには、いくつもの滝を高巻いて下りていかなければならなかった。尻を地面につき、足や肩に擦り傷を負いながら、ふたりは急斜面を滑るようにして下りていった。

人の足跡を見つけたのは、千沢まであともう少しというところだった。それは沢を遡行してきた釣り人がつけた足跡だったが、高橋にとっては誰のものでもよかった。自分たちが彷徨《さまよ》い歩いているこの場所が人跡未踏と思われるような奥深い山のなかだったので、誰かがここまで来ているという確証を得られたことが心強く感じられた。高橋は確信した。「人が入ってきているんだから、この足跡をたどっていけば人里に出られるはずだ」と。

しかし、足跡は徐々に不明瞭となり、ついには消えてなくなってしまった。気がつけばいつの間にか千沢に出ていた。沢の両側は険しい断崖となっていて、水辺に下りられそうなところはなかった。ふと見上げると、反対側の断崖の上の斜面に人の姿が見えた。もしや足跡の主では、と思い、大声で呼びかけた。しかし、呼べども呼べども返事は返ってこない。またしても幻覚を見たのだった。

そこで三日目の夕暮れが訪れた。かたわらの大きな岩と岩の間に隙間があったので、そこに潜り込んでビバークすることにした。もうあたりに残雪はなく、その夜、初めて焚き火を起こすことができた。パラパラと雨が落ちてきたが大したことはなく、間もなくやんだ。

寒さに震える娘を岩陰で抱きしめていると、心地よいぬくもりが伝わってきて、高橋はいつしか眠りに落ちていた。

高橋が予想していた以上に、千沢は深く険しい谷だった。下流へとたどれそうなルートはどこにも見つからなかった。岩伝いに下っていくことも考えたが、誤ってスリップでもして川に落ちたら、急流に流されて一巻の終わりだと思った。本流の沢を下流へと下っていって人里に出るという目論見はすっかり外れた。

そこで翌二十七日は、尾根に向かって斜面を登っていくことにした。尾根に出れば周囲の地形がある程度わかるだろうから、どっちへ行けばいいのか判断がつくのではないかと考えたのだ。

最初は、なるべくゆるやかな斜面を選んで取り付いたつもりだった。が、いざ登ってみると傾斜はけっこうキツく、藪の密度も相変わらず濃かった。コンパスで方向を定めながら藪こぎすることおよそ二時間、なんとか尾根上に飛び出した。時間は午前十一時前後。

と、そのとき、どこからかヘリコプターの音が聞こえてきた。二十五日以来、ふたりを捜し続けている群馬県警のヘリだった。ふたりは急いで音がするほうへ行き、ヘリに向かって思い切って手を振った。しかし、やはり気づいてはくれずに飛び去っていってしまった。

ダメだったか、と気落ちしながらも、高橋は娘の携帯電話を取り出した。前日も前々日も、「沢にいるから電波は届かないだろう」と思いながら、何度か娘の携帯電話をチェックしてみたが、案の定、圏外になっていた。しかし、尾根に出た今だったら通話できるのではないか。藁《わら》にもすがる思いで電源を入れてみると、電波状態を示すアンテナがかろうじて一本だけ立った。「通じるぞ」と声に出しながら、とっさに思い浮かんだのが妻の携帯の電話番号だった。

十一時半に電話がかかってきたとき、妻は車を運転中だった。車には彼女の両親が同乗していた。警察から「天候が崩れ出してきたので捜索をいったん中断する」と聞かされたため、三人で一時的に足利の自宅へ帰る途上でのことであった。

絶望視されていた夫からの電話に、妻は絶句した。「おーい、オレたちまだ生きているぞー」という声が携帯電話を通して聞こえてきて、彼女の目から涙が溢れ出した。

妻に代わって電話に出た義父に、高橋は現状と周囲の地形と娘の携帯電話の番号を知らせた。義父は「すぐに警察に連絡してヘリを飛ばしてもらうから、その場にいなさい」と言って電話を切った。その約十分後に、娘の携帯電話の呼び出し音が鳴った。義父の連絡を受けた長野原署からの電話だった。「今、どこにいるんですか」という質問に、高橋はこう答えた。

「三壁山のあたりで道に迷ったようです。沢の上流の斜面を登って尾根に出たところにいます。群馬と新潟の県境付近の尾根だと思います」

〝新潟〟と言ったのは高橋の勘違いで、実際は群馬と長野の県境付近、長野側の三引山の北東の尾根上である。

警察は、その場に留まって体力を温存すること、そしてバッテリー切れを防ぐため極力携帯電話を使用しないようにすることを指示したうえで、「これからすぐにヘリを飛ばしますが、なにか目印になるようなものはありませんか」と高橋に尋ねた。しかし、とくに色が目立つようなものは所持しておらず、なにかを燃やして煙を出そうにも、持っていた百円ライターは昨夜のうちにガス切れとなってしまっていたので、「ヘリが見えたら青と黄色のタオルを振る」と伝えた。

その後、警察は野反湖一帯の山々に精通している野反峠休憩舎の中村一雄にふたりの居場所の特定を依頼。中村は高橋と何度か電話でやりとりをして周辺の地形を聞き出し、「ふたりがいるのは三引山周辺」とのアタリをつけた。

そうこうしているうちに、娘の携帯電話もバッテリーが切れて不通になってしまった。それでも高橋には大きな安堵感があった。警察と連絡がとれ、居場所の見当もついたことで、もう助かったも同然だと思った。あとはヘリがやってくるのを待つだけだった。

だが、事は期待どおりには運ばなかった。現場へは群馬県警ヘリと長野県の防災ヘリが交互に出動したが、昼過ぎごろから雨がポツポツと落ちはじめ、霧も出てきたことから捜索は難航した。また、ふたりがいた場所も、木がまばらな尾根上とはいえササ藪のなかだったので、条件的にも発見されにくい場所だった。

「こちらは群馬県警です」あるいは「こちらは長野県警です」と、マイクを通して呼びかけるヘリに向かい、高橋は懸命にタオルを振った。が、結局、発見されるまでには至らなかった。一部の報道では〈長野県の防災ヘリがふたりの姿を確認した〉というニュースも流れたが、これはマスコミの勇み足だったようだ。

ヘリによる捜索と平行して、長野県警は山岳救助隊員六人を野反湖畔に送り込み、地上からの捜索に当たらせた。しかし、午後六時を回ったところで日没時間切れとなり、ヘリでの捜索はいったん打ち切られ、長野県警山岳救助隊の六人も三壁山山頂付近でビバークの態勢に入った。

この日のうちに救助されるものと思っていただけに、もうひと晩を山のなかで過ごさなければならなくなったふたりの落胆は大きかったようである。その夜はササを倒してベッド代わりとし、お互い少し離れた場所でじっとしながら長く寒い夜に耐えた。

遭難五日目の朝は五時ごろから起き出して、「いつヘリが来てくれるのか」と心待ちにしていた。ヘリによる捜索は早朝四時五十分から再開され、六時ごろには地上部隊も再び現場へと向かいはじめた。

群馬県警のヘリがふたりを発見したのは、午前六時五十八分のことである。燃料が残り少なくなってきたため、現場周辺をもうひと回りして引き返そうとしていた矢先での発見だったという。

〈2人は木に寄りかかり、寄り添うように立って、青と白のタオルをヘリに向かって振っていた。ヘリの乗員が地上に降り「元気ですか」とたずねると、2人は「大丈夫です」とうなずいたという〉(『毎日新聞』より)

まず娘が吊り上げられて機内に収容され、それに高橋が続いた。現場に降りてきた救助隊員は、燃料の消費を抑えるため、その場に残った。振り返って高橋が言う。

「ヘリに助けられたときに、救助隊員が『これを飲んでください』と言って小さな缶入りのお茶を差し出してくれたんですけど、それを開けて飲んだらどんなにうまかったことか。『助かったんだ』という安堵感と『生きているんだ』っていう充実感で、そう感じたんでしょうね」

父と娘

夜間には気温が零度近くまで下がる残雪の中級山岳を、ふたりはほとんど着の身着のままで、〝迷ったときには絶対に沢を下るな〟という鉄則にも従わずに四日間、彷徨《さまよ》い続けた。にもかかわらず、ふたりとも軽い低体温症と脱水症状を起こしているだけで、ほとんど無傷といっていい状態で救助された。

ふたりが助け出されたとき、非常食は若干のクッキーが残っていた。体力的にもまだ限界には達しておらず、多少の余力があったという。

「だから最悪の事態になることは全然考えませんでした。絶対助かるって思っていましたから。衰弱し切っていたら、『もうダメだ』って諦めちゃうんでしょうけどね。もって一週間……はキツイかな。あと三日ぐらいはなんとかもつかなって感じでしたね」

それでもやはり、助かったのはただ単に運がよかったからとしか言いようがない。この事故に限ったことではなく、山で遭難して死ぬか生還するかはほんとうに紙一重の差である。ときにそれは運命の女神の気まぐれで決まるのではないかとさえ思う。このケースにしても、判断や行動などなにかひとつでも違う方向に行っていたら、あるいはハッピーエンドにはなっていなかったかもしれないのだ。

「たかがハイキング、されどハイキングですよね。山を舐めちゃいけないってことですよね」

そう言う高橋が、まずいちばんに反省点として挙げたのは、迷ったら引き返すという山の鉄則を守らなかったことである。

「三壁山のピークまで行く過程で残雪が出てきて、最初のうちは大したこともなかったけど、どんどん深くなっていきましたよね。あのとき、道が完全に雪で閉ざされた時点で引き返すべきだったなと痛感しました」

たとえコースがしっかり整備されていようと、その上に雪が積もってしまえばコースはなきに等しくなり、それ相応のルートファインディング能力が要求されてくる。五月下旬という時期に豊富な残雪があったことは、たしかに大きな誤算だった。

「行った時期が早すぎましたよね。ガイドブックなんかには、ハイキングの適期がちゃんと書いてあるわけです。その始めのころや終わりのころに行くと、とんでもない状況に出くわすこともあるから、それも考慮に入れてハイキングをしなさいってことですよね」

だが、大事なのは事前の情報収集ではないだろうか。もし高橋が地元の役場や観光施設などに問い合わせてハイキングコースの状況を聞いていれば、当然、残雪のことは知らされるであろうから、それなりの対応策がとれたはずである。

もっとも、情報を収集したうえで歩いたとしても、高橋が言うように、途中で、遅くとも三壁山の山頂に登ったところで引き返しているのがベストの選択だったと思う。

ただし、ルートファインディングができるのであれば、予定どおり野反ダムに下るという判断も間違いではない。三壁山から下山を始めるときに、高橋はせっかくガイドブックとコンパスを持っていたのに、下りる方向を確認しないまま無意識にルートを外れていってしまっている。本来なら地形図なり登山地図なりを持つべきだが、ガイドブックには周辺の地図も掲載されていたのだから、地図とコンパスでルートを確認していれば、みすみす違う方向に迷い込んでいってしまうこともなかっただろう。

また、ふたりにとって不運だったのは、ルートを外れてすぐ、木の枝に結ばれた赤いリボンを見つけ、これに従って下りていってしまったことだ。山のなかで見られる赤いリボンやテープは、一般的に登山ルートを示すものだと思われているが、それは絶対ではない。たとえば釣り人や猟師や林業に携わる人たちが、なんらかの目印のために付けることもあるわけで、それを勘違いしてたどっていけば、当然、正規のルートからは外れていってしまう。

リボンやテープへの過信は禁物であり、もし途中で「おかしいな」と思ったり、目印がなくなってしまったりしたら、来たコースを引き返すべきである。

なお、地元の六合村と山ノ内町に問い合わせてみたが、三壁山山頂付近で高橋が見つけた赤いリボンがなんのために付けられたものかは不明とのことであった。ただこの事故のあと、群馬・長野両県の地元関係機関は、ハイカーがルートを外れないよう、周辺コースに新たに標識を設置したりロープを張ったりするなどの整備を行なったという。

もうひとつ、この事故のポイントを挙げるとしたら、迷ったあとの行動であろう。一日目は、夕方までに下山しなければという焦りから、やみくもに沢を下りていってしまっている。高橋が道に迷ったことをはっきりと自覚したのは、その夜、ビバークをしなければならなくなったときである。だったら翌日はそれ以上下ろうとせず、尾根に登り返すべきだった。しかしそうはせず、二日目、三日目と沢を下り続け、結果的にどんどん山奥へと入り込んでいってしまった。この間の高橋の行動を見ると、パニック状態に陥っているようにも思える。

「たしかに焦りはありましたよ。でも、娘を不安がらせちゃいけないっていうのがあったから、平常心を装っていました。私がパニクったら、娘はどうしていいのかわからなくなっちゃうだろうからね」

高橋がようやく冷静さを取りもどしたのは、尾根に向かって登り始めた四日目のことではないだろうか。尾根やピークに出れば周囲の地形もわかるし、携帯電話も通じるようになる。もし二日目にそうしていたなら、すぐに発見されていただろうし、自力下山だって可能だったかもしれない。

なぜそんな当たり前のことに考えが及ばないのかと不思議に思うが、山で道に迷った人は、えてしてそのエアポケットのなかに落ち込みやすい。

パニックに陥ってなお〈道に迷ったら沢を下りずに尾根に登れ〉という教えを守

ることはきわめて困難であり、そうなってしまったときには、冷静さを取りもどせるかどうかが生死を分ける鍵となるのだろう。

この事故の場合、不幸中の幸いだったのは、ひとりで道に迷ったのではなかったということだ。冒頭でふれたように、高橋は「娘がいたから助かった。ひとりだったら気が狂っていただろう」と言っている。それは娘にしても同じ気持ちだったに違いない。娘の手前、父親はパニックに陥る寸前でなんとか持ちこたえ、娘はそんな父親を信頼してあとに従った。

山中を彷徨っているとき、娘から「そっちは違うんじゃないの」などと言われたことはなかったのかと高橋に尋ねたら、「そういうことは一度もなかった」という答えが返ってきた。

救助されたあと、娘は警察官にこう言ったという。

「そんなに心配はしていなかった。お父さんについて行けば絶対に助かると思っていた」

高橋へのインタビュー中、娘とどんな会話を交わして励まし合ったのか、あまり具体的な内容は聞き出せなかった。おそらく照れがあるのだろう、こう言うにとどめている。

「これだけ寒いんだから、寝たらマズイってことを話して、あとは『帰ったらなにが食べたい？』とか……。『うどんとか温かいものが食べたい』って言ってましたけど。親子の会話っていったって、そんなに続くものではなく、『じゃあ、しりとりでもしようか』ってことで時間をつぶしたりして」

だが、実際は娘のことを気遣って常に励まし続けていたようだ。救助後の「中日新聞」記者との一問一答に、高橋は次のように答えている。

〈次第に口が疲れてきたが、『頑張れよ』と声を掛け、共通の趣味の話や、しりとり（遊び）をして会話を絶やさないようにした〉

救助された直後、高橋は〈私の未熟さがこんなことになって……〉というコメントを発している。山中で過ごした四日間というもの、娘を辛い目に遭わせてしまったという負い目と責任を、高橋は痛切に感じていたに違いない。

ヘリに救助されたふたりは、いったん野反湖畔へと搬送された。

そこでふたりが見たものは、ヘリの到着を待ち構えていた多くの報道陣の姿であった。ここで救急車に乗り換えたふたりを、彼らは執拗に追いかけてきた。が、そこは救急車両、報道陣の車が赤信号で足止めを食っている間にうまいこと引き離し、マスコミのカメラにさらされることなく病院に到着した。

その後の記者会見で、病院の院長はふたりの入院期間を「一週間程度と推測している」としたが、マスコミの取材を避けるため、ふたりは担当医の許可をもらって三日間で退院してしまった。「過剰報道だと感じたか」という質問に、高橋は「そう感じました」と答えている。

「ほかにこれといった事件がなかったものだから、殺到しちゃったんでしょうね。〝親子の絆〟によって無事救出されたっていうのがお題目になっちゃいました」

入院中に一度、高橋は病院内で記者会見を行なっている。その際に、「今後も山登りは続けるつもりか」と尋ねられ、「しばらくは登りません」と答えた。言い換えれば、「いずれまた登りたい」とも受け取れる言葉である。

「それを聞いていた娘がカチンときたらしいんです。遭難していたときに、娘が『もう二度と山には登らない』と言ったので、『じゃあオレも』って言ったんですよ。だから『あのとき言っていたことと違う』って怒ってしまいまして」

この遭難事故は娘にとってトラウマとなってしまい、彼女の前で山の話をすることは今もタブーとなっている。一方、高橋はほとぼりが冷めたころから再びぽつぽつと近郊の山に足を向けはじめた。

病院での記者会見以来、父親と娘の関係は険悪な状態になってしまったが、一年以上経ってようやく修復の兆しが見えはじめたという。

父親と娘が信頼し、助け合って窮地を脱したと報じられたこの遭難事故は、幻想ではなくたしかに事実だった。

が、たいていの家庭がそうであるように、年ごろの娘と父親が良好な関係を保ち続けるのは、やはりなかなか難しいことのようである。

房総・麻綿原高原　二〇〇三年十一月

合同山行

二〇〇五（平成十七）年三月、日帰りの予定で秋田県の乳頭山に向かった四十三人のパーティが、悪天候のなかで一時消息を絶ち、翌日、救助隊に保護されながら下山してきた。同年六月には、岩手県の焼石岳に登った十五人パーティが、例年以上に豊富な残雪により下山が遅れ、捜索が開始されたなか、翌日になってやはり自力で下山した。

こうした遭難事故――大人数の中高年パーティが下山予定日時を過ぎても帰らず、家族や関係者が心配して警察に届け出て捜索が開始されるというケース――が最近は目につくようになってきた。いずれのケースにしても、些細なアクシデントで下山が遅れただけの話で、大事には至っていない。要するに、山登りにはつきものの単なる〝下山遅れ〟であり、それゆえ当事者たちに「遭難した」という意識は希薄である。

ところが、家族や関係者の要請を受けて警察や救助隊が捜索活動を始めるため、情報を聞きつけたマスコミが「すわ、中高年登山者の大量遭難か」と騒ぎ出し、予定日時を過ぎても下山してきていないことがテレビや新聞などで大きく報道されてしまう。一方の当事者たちは、そんなことになっているとは露知らず、翌日になって山を下りてきたら大騒ぎになっていてびっくりするというわけである。

その最も典型的なケースが、二〇〇三（平成十五）年十一月に新ハイキングクラブの一行三十人が千葉県の麻綿原高原で消息不明となった件であろう。


新ハイキングクラブは、月刊誌『新ハイキング』を出版する新ハイキング社が全面的にバックアップしているクラブで、一九五〇（昭和二十五）年に発足し、以来、今日まで活発な活動を続けてきている。クラブの会員を構成しているのは、『新ハイキング』の定期購読者。同誌の定期購読を申し込んだ人は、自動的に新ハイキングクラブの会員になるというシステムになっている。

新ハイキングクラブでは毎月約五十コースほどの山行を計画していて、会員になるとこの山行に参加することができるようになる。山行計画の概要は『新ハイキング』誌に掲載され、会員はこれをチェックして、行きたい山行があれば申し込むというわけである。ただし、会員になっていなくても参加できる山行計画も多く、これらは実質的に『新ハイキング』誌の読者全般から参加を募るという形になっている。

山行計画を企画・立案するのは、クラブ内に約百人いるという委員で、彼らは通常「リーダー」と呼ばれている。各リーダーが企画・立案した山行計画はクラブ内の山行計画検討委員会で審議され、さらにリーダー全体会議で承認されたものが『新ハイキング』誌に掲載されることになる。山行を実施するに当たっては、パーティを統率するために必ずリーダーが同行し、さらにリーダーを補佐するためのサブリーダーが数名つく。

このように、新ハイキングクラブとして行なう山行は「本部山行」と呼ばれている。また、新ハイキングクラブには各地に三十近い支部があり、各支部では本部山行とは別の「支部山行」をそれぞれ独自に行なっている。支部に加入できるのは新ハイキングクラブの会員だけであり（通常、別途会費が必要）、つまり支部山行に参加できるのはおのずと新ハイキングクラブの会員に限られることになる。ただし、年に何回かは支部以外のメンバーでも参加できる山行を実施しており、これを「合同山行」と呼んでいる。

二〇〇三年十一月の麻綿原高原での一件が、その合同山行であった。

この山行を企画したのは、支部のひとつである「平日グループ」の嶋田欣右《きんすけ》（当時七十歳）。平日グループは、その名のとおり主に平日に山を歩くメンバーによって結成された支部で、嶋田は平日グループのメンバーのひとりであり、また新ハイキングクラブのリーダーでもあった。

嶋田が新ハイキングクラブに入会したのは五十四歳のときである。山登りは三十代前半のころまでやっていたが、仕事が忙しくなって一時中断。五十歳を過ぎてようやく落ち着いてきたのを機に再開したのだった。入会後は支部の平日グループにも籍を置き、サブリーダーを十年ほど務めたのちに本部のリーダーとなった。

リーダー歴は約十年。この間、毎月二、三回の山行を企画、実践してきた。山行はたいてい日帰りか一泊で、新潟、長野、愛知、会津などの辺境の山へ行くことが多かった。

平日グループの山行に参加するようになって五、六年になる菅生益昭（当時七十六歳）は、嶋田が企画する山行について次のように評している。

「山歩きを二十年以上もやっていれば、近郊の山はほとんど歩き尽くしちゃっているんです。ところが嶋田さんは、そんな私たちが知らないような山への計画を立ててくださるんですよ。仲間うちではよく〝玄人好みの渋い山〟って言ってますけど」

二〇〇三年の春、嶋田は、平日グループと本部との合同山行として房総半島の石尊山への山行計画を立案、これを同年八月から翌年一月までの山行計画のなかに盛り込んだ。

例年十二、一、二月のころ、嶋田は好んで房総方面への山行を設定した。冬でも気候が暖かいうえ、千葉の内陸部の山は地形が複雑で、ちょっとした冒険心をくすぐるからだ。

「おもしろいんですよね、千葉の山は。お釈迦様の頭みたいに小さなコブがいっぱいあって。参加する皆さんも、そういうところが好きなんです」

嶋田自身は、清澄山や麻綿原高原のほうへは何度か足を運んでいたが、石尊山から麻綿原高原まで縦走するこのコースは初めてだった。ちなみに二万五〇〇〇分の一の地形図にこのコースを示す破線は記載されておらず、コースを紹介しているガイドブックも山と溪谷社の分県登山ガイド『千葉県の山』が唯一のもので、資料は極端に少なかった。

嶋田が企画した山行計画は、その後、検討委員会の審査を経てリーダー全体会議で承認され、『新ハイキング』十一月号（十月十五日発売）で参加メンバーが募られた。同誌に掲載された内容は、以下のとおりである。

房総　石尊山（一般向き）　平日グループ合同
期日　11月26日（水）　日帰り
集合　上野公園口前6時45分（出発）
コース　上野＝七里川温泉―石尊山―札郷分岐―小倉野分岐―横瀬分岐―麻綿原＝池袋
歩程　約4時間
費用　約4500円（交通費）
地図　2万5千＝上総中野

リーダーはもちろん嶋田で、サブリーダーを中山明一（当時六十九歳）ともうひとりの男性に任せることにした。嶋田と中山はもう十五年来の付き合いで、国内はもとより海外の山へもいっしょに行ったことのある、気心の知れた同士だった。もうひとりのサブリーダーにしても然り。嶋田にとって、ふたりは仲のいい山仲間であり、また信頼のできる補佐でもあった。

重なった判断ミス

十一月二十六日の早朝、ＪＲ上野駅の公園口には二十七人（男性十二人、女性十五人）の参加者が集まった。最年少は五十五歳、最高齢は八十三歳。嶋田らを含めると三十人という大所帯のパーティである。

通常の平日グループの山行では、参加者の約三分の二を常連の会員が占めているが、このときは合同山行ということで、二十七人のうちの約五、六割が平日グループの会員、残りの四、五割が平日グループに入っていない新ハイキングクラブの会員だった。

もっとも、平日グループの会員ではないからといって全然知らない仲というわけ

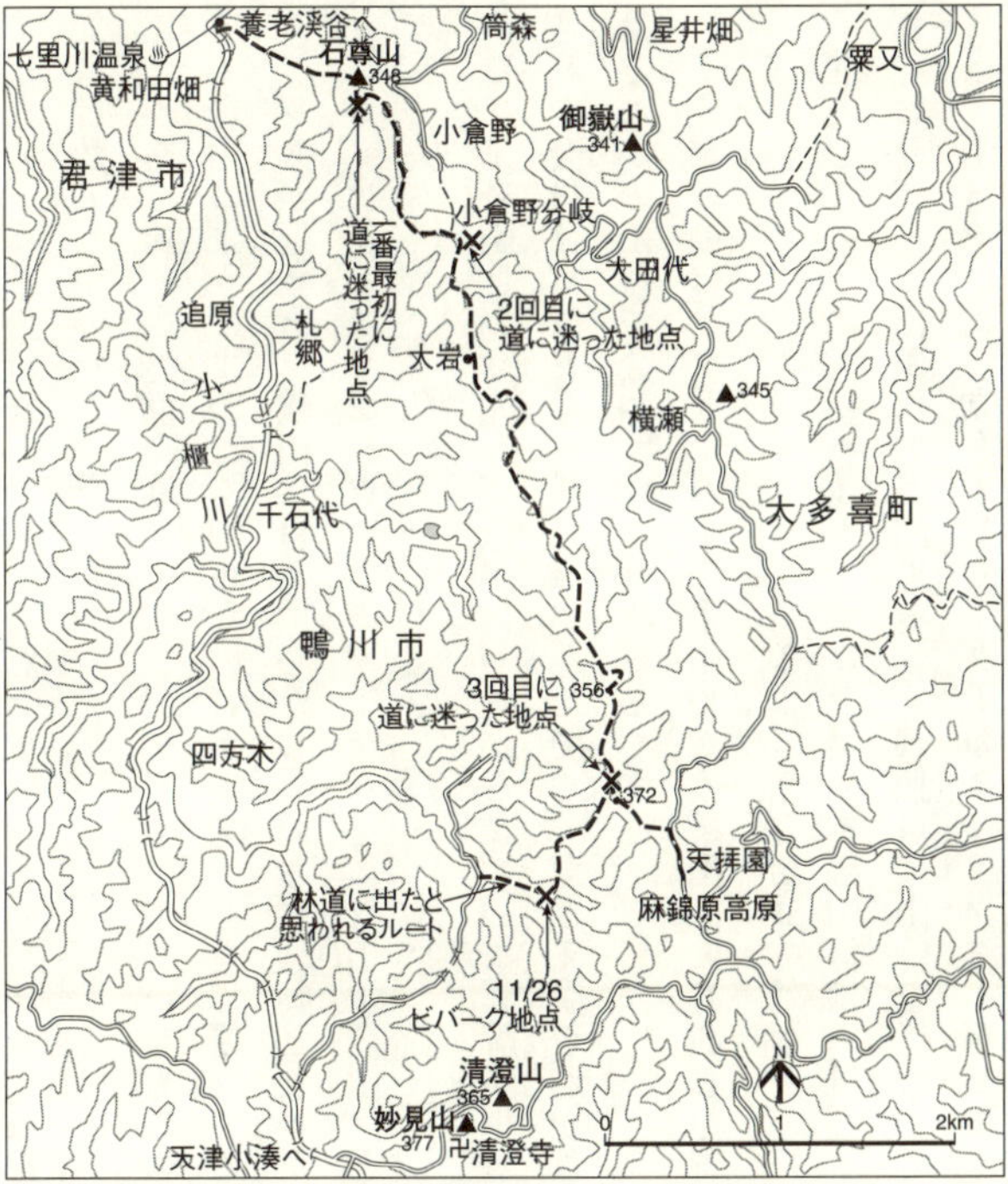

養老渓谷へ
七里川温泉
石尊山
348
黄和田畑
筒森
星井畑
粟又
御嶽山
341
小倉野
君津市
一番最初に道に迷った地点
小倉野分岐
大田代
2回目に道に迷った地点
追原
札郷
大岩
345
横瀬
小櫃川
千石代
大多喜町
鴨川市
3回目に道に迷った地点
356
四方木
372
天拝園
麻綿原高原
林道に出たと思われるルート
11/26 ビバーク地点
清澄山
365
妙見山
377
清澄寺
天津小湊へ
N
0
1
2km

ではなく、本部山行などで顔を合わせていることもあり、ほんとうに初顔という参加者は数人しかいなかった。

だから、雑誌の誌面を通じて広く参加者を募っているものの、旅行会社などのツアー登山のようにまったく知らない者が集まってきて成立する山行とはちょっとニュアンスが違うと、嶋田は言う。しかし、のちに騒動となったときに、ほとんどのマスコミは新ハイキングクラブのパーティを「ツアー登山」と認識していたようである。

「ツアー登山という先入観があったからよけいに誤解が生じたんでしょう。参加された会員は、ほとんど知り合いなんです。たとえ僕らが知らなくても、会員同士はどこかの山行で会っていたりするんです」

そう言うのはサブリーダーの中山である。山行に参加した菅生もこう言う。

「それをツアー登山と言われるのには違和感があります」

前述したように、新ハイキングクラブの本部山行は毎月五十コース前後も実施されており、そのほかに各支部もそれぞれ独自に山行を行なっている。これらの山行には、山行を企画・立案するリーダーのキャラクターが反映され、結果としてバラエティに富んだ山行が毎月ラインナップされることになる。会員はそのなかから自分の志向やフィーリングに合った山行を、あるいは気の合ったリーダーや仲間がいる山行を選んで参加するわけである。

となれば、不特定多数を対象にしている山行とはいえ、回を重ねるに従い参加者がある程度固定化していくのは当然の流れであり、それを「ツアー登山」と同一視されることに、当人たちは強い抵抗を感じているのである。

さて、上野駅に集合した新ハイキングクラブの一行三十人は、マイクロバスとワゴン車に分乗して一路、千葉へと向かった。嶋田が企画する山行では、いつもバス会社にマイクロバスをチャーターしてアプローチに利用しており、バスの運転手とはすっかり顔馴染になっていた。

登山口の七里川温泉には九時半ごろ到着した。出発時、一行は登山口の近くで畑仕事をしていた老人に声を掛けられている。

「石尊山に登るのかね。前にも三十人ぐらいのハイカーが石尊山で迷子になっちゃったことがあるから、気をつけて行きなさいよ」

それを嶋田は、「余計なお世話だ」と思いながら聞き流した。半日後にまさか自分たちが同じ目に遭うとは想像もしていなかった。

登山口を出発したのは九時五十分で、石尊山の山頂には三十分ほどで着いた。ところが、山頂から下っていったところで早くも道に迷ってしまう。突き当たったT字路で、本来なら左に行かなければならないところを右に行ってしまったのだ。

T字路で、嶋田はいちおうコンパスを取り出して方向を確認している。が、左のルートが北を、右のルートが南方向に向かっていたため、迷わず右のルートをとってしまった。

後日、月刊誌『山と溪谷』の取材班が同ルートを実際に歩いて検証し、そのレポートを二〇〇四年二月号に掲載した。レポートによると、この地点は裏登山道が右手から合流するところで、頂上から下りてくると右方向に向かうのが正しいように見えるのだという。実際、取材班もここで道に迷いかけている。

しばらく行ったところで、嶋田は「どうも様子がおかしい」と気づいた。そこでほかのメンバーを待たせておいて引き返し、T字路から今度は左に行ってみると、先でルートは大きく迂回して南方向の尾根に乗っていることが判明した。「ああ、やっぱりこっちが正しいんだ」と、すぐに待たせてあるメンバーを無線で呼んだのだが、彼らは彼らでまた「あっちだ」「いやこっちだ」と侃々諤々《かんかんがくがく》やっている最中だった。

「そこで遊び心を出しちゃったのがまずかった。時間もあるから、好きなようにやらせておけばいいやと思って。皆さん、ハイキングでもマイナーなバリエーションルートが好きな方ばかりですから、ルートを探したりしながらワイワイやるのが楽しいんです。たしかに私が企画した山行ですけど、連れていくというのではなく、みんなでいっしょに行こうという感覚でやっているんでね。行動中には私なり中山なりの指示には従ってもらうけど、その範囲内で一日楽しく遊ぼうという考え方ですから」

だが、結果的にここでロスした七十分という時間が、あとあと大きく響いてくることになる。

ようやく全員が正しいルートにもどり、明るく開けたカヤトの尾根に出たところで三十分ほどのランチタイムをとった。十二時十分に行動を開始し、しばらく尾根をたどっていたときに、アクシデントが発生した。マイクロバスを回送させている運転手から、「道路が通れない」という連絡が入ってきたのだ。

七里川温泉で一行を下ろしたあと、嶋田はバスの運転手に下山口の麻綿原高原にバスを回して待機しておくように指示していた。運転手はバスに搭載されていたナビに従い、麻綿原高原へと向かったのだが、途中にあるトンネルの前で立ち往生してしまった。バスの車高が高すぎて、トンネルに進入できなかったのである。

このときに嶋田はふたつ目のミスを犯してしまう。本来なら、時間は充分にあるのだから、途中まで引き返し、大きく迂回して麻綿原高原へ行ってもらうように指示するべきであった。ところが、「じゃあ、清澄山に回ってください」と言ってしまったのだ。

「要するに下山口を麻綿原高原から清澄山に変更したわけです。バスが麻綿原に行けないのなら、われわれが清澄山まで歩こうかと。もしそうしていなかったら、騒ぎになることもなかったんですけどね。予定どおり麻綿原に行くことに関しては、まったく問題がなかったんですから。今さら言っても仕方のないことなんですけど」

と中山は言う。嶋田も、このことを「軽率だった」と悔やむ。

「ちょっと無責任だけど、『まあ、なんとかなるだろう』という軽い気持ちで清澄山のほうへ回送させちゃったんだよね。運転手さんも、ずっといっしょにやってきている方だったから、あまり深く考えなかった。悪く言えばなあなあでしたね」

だが、ミスはこれで終わらない。さらにその先、小倉野分岐の四差路で再び道を間違えてしまったのだ。前出の『山と溪谷』誌の検証レポートによると、この分岐では右に行くのが正しいルートなのだが、真っ直ぐ行く方向にピンク色のテープを巻いた杭が立っているため、ついそちらへ引き込まれていってしまうのだそうだ。嶋田らのグループも『山と溪谷』誌の取材班も、ここで見事に引っ掛かり、十字路を直進していってしまう。

道はやがて行き止まりになり、間違えた方向に進んでいたことにはすぐ気づく。だから道を間違えたこと自体はミスとは言えない。しかし、分岐までもどってきたところで、このまま予定どおり行動を続けるか、小倉野に下りてバスをこちらに回してもらうか、嶋田は一瞬、躊躇する。そして予定どおり行動を続けるほうを選んでしまう。

小倉野に下りる踏ん切りがつかなかったのは、もうその時点で携帯も無線も電波が届かなくなっており、バスの運転手に連絡がつくかどうか不安だったこと、下りてから長い林道歩きが予測されたこと、そして「せっかく来たんだから」という気持ちが勝《まさ》ったことなどが要因として挙げられる。それが判断ミスだったと、嶋田は認めている。

麻綿原高原へ続く尾根には大小のピークが連続し、コースはそのピークを左右に巻きながら続いていた。ちょうど新ハイキングクラブのグループがこのコースをたどった前日、房総地方には集中豪雨があった。このため、ぬかるんだ道の上を木の葉が覆い、ただでさえ難解なコースをなおさら迷いやすいものにしていた。

集中豪雨があったことを知る者は、グループのなかにひとりもいなかった。前日、東京は晴れていたし、この日もいい天気だった。登山道を歩いてみて初めて、最近まとまった雨が降ったことを知ったのだった。

行動中は、終始、嶋田が先頭を歩き、もうひとりのサブリーダーが真ん中に、中山が最後尾についた。こうした大人数での登山では、先頭と最後尾の間隔が大きく開いてしまいがちになり、それがしばしばアクシデントの要因になる。

嶋田はそれを避けるため、サブリーダーとフォローし合いながらなるべく間隔が開かないようにし、またなにかあったときに先頭と真ん中と最後尾で連絡が取り合えるよう、それぞれ無線機を携帯していた。

小倉野分岐からは、苦労しながらもなんとか正しいルートをたどっていき、麻綿原高原までもうあとわずかとなった。このあたりでようやくマイクロバスの運転手と連絡がとれ、「間もなくで麻綿原です。予定より少し遅れそうですが、そちらに向かっています」と伝えた。

ところが、コースを覆った落ち葉により、そこで三度目の致命的な道迷いを犯してしまう。時間は午後三時を回ったころ。麻綿原高原への分岐を見落とし、そのまま直進していってしまったのだ。

とはいえ、この道迷いを責めるのもまた酷なようである。以下は、このポイントについて解説した、『山と溪谷』二〇〇四年二月号の記事からの引用だ。

〈三差路だが、直進する山道のほうが明瞭で、左側の372mピークに登る道は枝道にしか見えない。しかも直進する先に石仏が鎮座しているため、ますます正規コースとの印象が強まる。道標はなく、赤テープも両方の道についているため、ほと

んどの人は直進してしまうだろう〉

嶋田が事前に地元の役場に問い合わせをしたとき、麻綿原高原への分岐から清澄山へは三本のルートがあると教えられていた。ひとつは麻綿原高原に下りて林道を経由していくルート、もうひとつは麻綿原高原とは逆の西側の山中の林道をたどっていくルート、そしてもうひとつが清澄山の昔の参道を行くルートである。分岐を見落とした嶋田らが直進していったのは、おそらく清澄山の昔の参道ルートだと思われる。

下山口を清澄山に変更した時点で、嶋田は麻綿原高原に下りて林道をたどっていくコースをとろうと考えていた。しかし、分岐を見落としてしばらく行ったところで、道を間違えたことに気がついた。

「古い参道のほうに入っちゃったんだと思ったけど、こっちも清澄まで行けると聞いていたから、『じゃあ行っちゃえ』となったわけです」

コースはやがて沢に突き当たり、沢沿いをいくようになった。その途中に壊れかけた道標があり、「林道まで二十分、清澄まで五十分」という文字が辛うじて判読できた。このあたりで、一行は西側の林道へ出るルートをとってしまったようだ。

尾根上を忠実に行く道（正面）と山腹を巻く道（左）。このような分岐が随所に現われ、とても迷いやすい

ところが、沢沿いのコースはところどころで崩壊しており、それらを高巻いて越えるのに予想外の時間がかかってしまった。結局、小一時間をかけてどうにか林道に出たときには午後四時を回っていて、あたりも薄暗くなっていた。

最終的には、ここでの判断がその後の明暗を分けることになった。

まず、林道に出たはいいが、この林道が清澄山に続いている林道なのかどうかの確信が持てなかった。というのも、林道が清澄山とは逆の北の方向に向かっていたからだ。確認のため中山に少し先まで行ってもらったが、判断はつきかねた。

また、メンバーのなかにはそろそろ疲れが見えはじめている人もいた。それまでの経験からすると、下山の林道歩きのときに転倒してケガをするというケースが多いので、あまり無理はしたくなかった。サブリーダーの中山が言う。

「このへんは、正直言って私たちにとって未知の世界でした。一度でも行ったことがあるのなら、少しぐらい暗くなっても『行こう』ということになっていたんだろうけど、事故を起こさないためには危険を冒さないほうが賢明だろうと判断しました。でも、そこのところは、私たちも下調べをしていなかったわけですから……」

嶋田も無念そうに振り返る。

地図にない分岐があった、朽ちかけた道標

「林道まで出ていながら、なんで引き返したんだって叩かれたわけです。あんな騒ぎになるとわかっていたら、ヘッドランプをつけて、ゆっくり歩いていったんだけど……。だから引き返すべきところで行っちゃって、行くべきところで引き返しちゃったということなんですよ。判断ミスですよね」

この時点で、嶋田はサブリーダーと協議してビバークを決断する。ビバーク地は、沢沿いに下ってくるときに休憩をとったスギ林のなかの平坦地とし、そこまでもどることにした。

過剰報道

ビバーク地点までもどったときには午後六時前になっていた。ただちに全員で手分けしてスギの間伐材や枯れ枝を拾い集め、焚き火を起こした。枯れたスギの葉はよく燃え、たちまち大きな火が起こった。メンバーはその焚き火を囲むようにして車座になり、各自が持っている服を全部着込んで寒さをしのいだ。夜の気温は五、六度まで下がったという。焚き火がなければ辛い一夜になっていたに違いない。

思いがけないビバークとなって興奮していたせいか、非常食を持っているにもか

パーティが3回目に道を間違えた分岐。写真奥に進むのが正しいルートだが、右（立入禁止の札がかかっている方向）に進むほうが自然に見える

かわらず、誰もあまり空腹感を覚えていなかった。焚き火を囲みながら、みんなでたわいもない話をして長い夜を過ごした。不安をかき立てるような話題はいっさい出ず、おのずと明るい話題、みんなが笑えるような話題が中心となった。

「内心では『家族に連絡できなくて困った』とか思っていたはずですけど、皆さん、歳相応に人ができていますから、そのへんは心得たもんです。もし、見知らぬ人たちばっかりだったら、そうはいかないですよね。その点は仲間でよかったと思います」

と、中山はビバークを振り返る。

夜が更けると、横になってウトウトする者も出てきた。うつらうつらしては寒さで目が覚め、また焚き火に当たってはうつらうつらした。焚き火が消えそうになると、起きている者が薪をくべた。ザックを枕にする者、ザックの中に足を突っ込む者――少しでも快適に過ごせるように、それぞれが工夫を凝らして朝を待った。

ヘリコプターが飛んできたのに気づいたのは、夜中の二時ごろのことだった。ヘリは上空のかなり高いところを飛行しながら、投光器で次々と山々を照らしていった。

それを見て自分たちが捜索されていることを初めて知り、中山は「ああ、これは大変なことになっているなあ」と思った。

ビバークしていた場所も投光器に照らし出されたが、発見はされなかった。ヘリコプターはいったん引き返していって、再びもどってきた。が、しばらくするとまた飛び去っていった。

夜中の三時ごろ、今度は尾根の上にボーッとした明かりが灯った。捜索隊が上がってきたのだろうと思い、ヘッドランプを振り回しながら笛を吹き鳴らし、大声で「おーい」と叫んだ。しかし、間もなくして明かりは消え、尾根は再び闇に閉ざされた。

あとで確認したところ、それはやはり捜索隊だった。笛の音は耳に届いていたらしいが、シカの鳴き声だと思って気に止めなかったとのことだった。

翌朝は六時に全員が起き出した。みんなで沢に行ってビニール袋に水を汲み、焚き火の火を消した。燃え残りの木は沢に浸し、焚き火をした場所は踏み固めて平らにした。痕跡を残さないように、細心の注意を払ったつもりだった。

ビバーク地を出発したのは六時半。とりあえずはいちばん近い麻綿原高原に下りることにした。最悪、麻綿原高原への道がわからなければ、昨日のルートを引き返していって登山口の七里川温泉にもどるつもりだった。

二十分ほど歩いて尾根に出たところで、無線と携帯がつながるようになり、ようやくバスの運転手と連絡がついた。携帯電話を持っていた人は、そこから家族に電話をして無事を伝えた。

のちに判明したことだが、前の日に清澄山で待機していた運転手は、嶋田らが予定時間を大幅に過ぎても下山せず、また連絡もまったくつかなくなったことから、夕方六時半ごろ、嶋田が所属する平日グループの支部長に電話を入れて相談、「すぐに警察に届け出たほうがいいだろう」ということになって、鴨川警察署に通報し、捜索が始まったのだった。

捜索は、警察官のほか、機動隊員、消防隊員ら百七十人態勢で行なわれ、最終的には延べにして三百人が出動する大掛かりなものとなった。また、ニュースを聞きつけたマスコミも、前夜の午後九時ごろから続々と現地に詰めかけてきていた。

運転手に全員の無事を伝えて電話を切ると、今度は救助隊関係者から嶋田の携帯に電話がかかってきた。まず現在地を尋ねられたので、ちょうどそばにあった、登山道に打たれていた杭（山仕事もしくは森林管理のためのものと思われる）の番号

パーティ30人がビバークしたと思われる地点

を伝えたところ、「そのすぐ近くに消防団の人がいる。今、そちらに向かわせるから、そこで待つように」という指示を受けた。

消防団員はすぐにやってきた。彼は「じゃあ皆さん、行きましょう」と言い、率先して麻綿原高原への道をたどりはじめた。

上空には何台ものヘリが飛び交っていて、大騒ぎになっていることが窺い知れた。驚いたことに、尾根を下りはじめたところにもテレビカメラがいくつも待ち構えていた。最後尾を歩いていた嶋田は、「私が対応するからみんなを撮らないでくれ」と言い、その場でインタビューに応じた。

十分ほどで話を切り上げてみんなのあとを追おうとしたら、なぜかみんなが引き返してきた。「どうしたんだ」と聞くと、先頭を歩いている消防団員が道を間違えたのでもどってきたのだという。

「結局、尾根から麻綿原高原に下りる間に、地元の消防団の人が二回、道を間違えちゃったんです。『お疲れのところ、ごめんなさい』って言ってましたけど、それぐらいわかりにくいんですね。我々だけで行っていたら、やっぱり間違えていたでしょう。だから、前の夜に無理して下りようとせずによかったですよ」

麻綿原高原に下りてくると、待ち構えていた大勢の報道陣が嶋田らに殺到した。数え切れないほどのマイクが突きつけられ、「なんで連絡をしなかったんだ」「非常識だ」「無責任だ」という言葉が次から次へと浴びせられた。

「私が話をするから、ほかの人は勘弁してくれ」

そう嶋田が言っても、誰も聞いてはくれなかった。メンバーのなかに、ついうっかりカメラに向かってピースサインをした人がいたことも、火に油を注ぐ結果になってしまったようだ。

何人もの警察官にガードされながら、報道陣の人垣をかき分けるようにしてどうにか護送車までたどり着き、ようやく人心地つくことができた。

護送車で麻綿原神社の施設内に移動し、そこで全員が健康診断を受けたあとは、再び護送車に乗せられ、対策本部の置かれた清澄寺に搬送された。

その清澄寺もまたテレビ局や新聞社らの巣窟となっていた。寺の広い駐車場はマスコミの車で満車状態で、いったん社務所に通されたはいいが、外では報道陣が虎視眈々と待ち構えていたため、今度はそこから出られなくなってしまった。

報道陣からは「記者会見をしろ」という声が上がりはじめていた。それを受け入れないことには事態が収まりそうになく、嶋田とサブリーダーのふたりが応じることになった。

会場となった社務所には、ザッと見て百人もの報道陣が集まり、足の踏み場もないほどだった。テレビ局のカメラマンが殺気立って場所取り合戦を繰り広げ、「邪魔だ」「うるせー」「テメー、どけ」などの怒号があちこちに飛び交った。

会見では、ビバークに至るまでの経緯、ビバークの様子などを尋ねられたが、あとはお決まりの「計画が不備だったのでは?」「林道に出たのに、なぜ引き返したのか?」「どうして連絡しなかったのか?」「責任は?」といった質問に終始した。

下山してくる途中から同じような質問を何度となく浴びせられていた嶋田は、自分の蒔《ま》いた種だから仕方がないと我慢に我慢を重ねていたが、最後にとうとう堪忍袋の緒が切れて、「批判はあると思うが、私の判断は間違っていなかった」と言い切ってしまった。

「そうしたらエライ剣幕でマスコミから袋叩きに合っちゃって……。しまいにはお巡りさんが『もうやめろ』と言って会見を打ち切ったんです」

会見のあとには、大手新聞社の記者が「ちょっとお話を」と嶋田に近づいてきた。

「今は手が放せないから勘弁してくれ」と言ったら、こう捨てぜりふを吐いた。

「話してもらえないのならそれでもかまいませんよ。それなりの書き方がありますから」

そうした新聞社が二社あったという。

嶋田は、自分以外の参加者を少しでも早く自宅に帰してあげたいと思ったが、マスコミによる軟禁状態は昼の十二時近くまで続いた。みんながようやく帰路につけたのは、十二時半だった。現地には嶋田ひとりだけが残った。約三時間半もマスコミに小突き回され、ほとほと疲れ果てていたが、その後も警察による事情聴取を受けなければならなかった。

すべてが終わり、電車を乗り継いで家に帰ったときには、もう夜中近くになっていた。ホッとひと息ついてテレビのスイッチを入れてみると、ちょうど自分たちのニュースが報道されているところだった。テレビの画面には、ビバークした場所が映し出されていた。

目を疑ったのは、ちゃんと始末したはずの焚き火の燃え残りが地面の上に積み上げられていたことだった。「焚き火の燃えかすが残っています。ここで一夜を明かしたのでしょう」というナレーションがその映像に重ねられた。

翌日、嶋田はそのテレビ局に抗議の電話を入れた。

「我々は痕跡を残さないようにちゃんと片づけてきた。なのにあれはどういうことだ。やらせじゃないか」

すると、応対に出たテレビ局の人はこう言ったという。

「もう明日から報道しませんから、ご心配なく」

下山してきたときに、報道陣からは参加者の名簿の提供を執拗に求められた。しかし、なんと言われても、それだけはがんと撥ねつけた。

それでも参加者のうちの何人かの家には報道陣が押しかけてきた。嶋田の家の縁側には靴底の跡がついていて、家の中を覗き込んだような形跡があった。嶋田の隣家も夜中に報道陣の訪問を受けたと言っていた。

後日、嶋田が近くのスーパーに立ち寄ったとき、見知らぬアラブ系の男から「ヘイ、ユー、見た見た、テレビテレビ」と声を掛けられた。しばらくして千葉の富山に登ったときも、「テレビに出ていた方ですか？　いっしょに写真を撮ってもらえませんか」と言われた。

同様のことが何度か続き、改めてメディアの影響力の大きさと怖さを思い知らされ、半年ほどは極力外出しないようにした。

とにかくこの件に関するメディアの過剰報道ぶりは異常といってもよく、嶋田は今になってもマスコミへの不信感を拭えないでいる。

「テレビ局のインタビュアーのおねーちゃんは、山のヤの字も知らないわけです。そういう人が現場にやってきてボロクソ言うんですから、そりゃあたまりませんよ。ああいう場合って、あらかじめ山の識者とかに意見を聞いていて、台本が出来ているんですね。三十人も引き連れて山に登った揚げ句、遭難騒ぎを起こして無責任だ、というような台本が。いや、凄まじい世界でした」

嶋田らにしてみれば、安全策をとってビバークしたつもりなのに、下りてきたら知らぬ間に大騒ぎになっていて、悪者扱いされてしまっていたという心境であろう。

参加者のひとりである菅生がこう言っている。

「我々に〝遭難した〟という意識は全然ありませんでした。だから、まさかこれほど騒がれるなんて、こんなことで非難されるなんて思ってもいませんでした。どうしてそんなに騒ぐのって言いたかったですよね」

前出の『山と溪谷』二〇〇四年二月号には、「遭難しない登山者になるために」というテーマで日本山岳協会会長の田中文男と登山家の岩崎元郎の対談が掲載されており、この件についても触れられている。そのなかから一部を以下に抜粋する。

〈岩崎　僕は「マスコミ遭難」じゃないかと思っています。

田中　要は道迷いなんですが、人数が多かったというのが、これだけ騒がれてしまった要因でしょうね。これが2、3人だったらマスコミも取り上げなかったと思うんですよ。（中略）

今回も、遭難当事者は周りがこんなに騒いでいたとは思っていなかったらしいですね。まあ、ふたりくらい連絡に行かせるということをやってもよかったのではないかとは思いますけど。

岩崎　今回の遭難で問題があるとしたら、なぜそういうことをやらなかったのかということですね。

田中　それがあったらこんな騒ぎにはならなかったでしょう。

岩崎　そう、「騒ぎ」ですよ。「遭難」じゃなくて。「マスコミ遭難」と言ったのはそういうことです。

田中　騒がれてしまったのは、遭難の内容よりも、人数が多かったことにつきるのではないかと思いますね。それに運のわるいことに、当日はほかに大きなニュースもなかった〉

マスコミが勝手に騒ぎ立てて、小さな事象を大きくしてしまったという点では、岩崎が言った「マスコミ遭難」というのはまさに言い得て妙である。

付け加えるのなら、このようなケースで夜間に百七十人もの捜索隊を投入するというのは、通常では考えられない。夜間の捜索・救助活動は、低山とはいえ大きなリスクを伴うものであり、また効率的な活動も行なえず、成果もあまり期待できない。やはり明るくなるのを待って捜索を開始するというのが定石である。そういう意味では、捜索する側の警察や消防が騒動を大きくするのにひと役買ってしまったともいえるだろう。

ともあれ、三十人もの高齢者のグループが標高四〇〇メートルにも満たない千葉の山で遭難し、百七十人もの捜索隊が救助に出動しているということであれば、ニュースとしてのインパクトは強い。それにマスコミが飛びつくのは当然である。

だが、一夜明けてみれば、全員が元気に下山してきて、センセーショナルな成り行きを期待したマスコミは肩透かしを食った形となった。現場に駆けつけた報道陣の心中たるや、〝大山鳴動して鼠一匹〟といったところだろうか。

その落胆の矛先が嶋田らに向けられたというのが、このケースの図式であるような気がする。

嶋田にしてみれば、参加者の安全を第一に考えて判断し、結果的には全員が無事下山してきたことを「軽率だ」「無責任だ」と寄ってたかって責められたのだから、非常に心外であり、さぞや悔しい思いをしたに違いない。

「みんなキャリアのある中高年だったからパニックにもならず、無事故ですんだということは誰も取り上げてくれないんだよね。じゃあ、血みどろになって下りてくればよかったのかっていうことですよ」

そう言いたくなるのも無理のない話である。

田中と岩崎が指摘している「なぜ連絡に走らせなかったのか」という疑問については、中山がこう答えている。

「それも散々言われたことなんですけど、なにはさておいても安全を優先させようというのが、そのときの我々の心情でしたから」

ビバーク地点から携帯電話か無線が通じるところまでは、歩いて二十分ほどの距離だった。田中と岩崎が言うように、もし連絡要員を走らせていたら、すぐに携帯か無線が通じ、これほどの騒ぎに発展することはなかっただろう。

ただし、それまでの行動から、たどってきたルートが非常に迷いやすいという認識が嶋田らにあったことは間違いなく、まして夜間だとよけいに迷いやすいことから、たとえ短い距離であっても連絡員を出すリスクを避けた判断は責められまい。

油断と自信過剰

こうして検証してみると、この件に関してはマスコミの過剰報道によって大騒動に仕立てられてしまったといっても過言ではないだろう。その点では、当事者らはほんとうに気の毒だと思う。

だがしかし、嶋田らにまったく落ち度がなかったわけではない。それは嶋田自身も認めている。

「そりゃあ責任はありますよ。私がいちばん謝らなければならないのは、参加者の方と、その家族の方。やっぱ迷惑と心配をかけちゃったから」

そうなってしまった要因を、嶋田は「慣れから来る油断と自信過剰」と自己分析している。

房総の山が、標高のわりには地形が非常に複雑で迷いやすいということを、嶋田をはじめサブリーダーおよび参加者らはよく理解していた。そのうえで、ルートファインディングの難解さを楽しみながら歩くことがこの山行の醍醐味であり、参加者もそれを期待していた。だから道に迷うのは想定範囲内のことであったはずだ。

ところが、道迷いを楽しむあまり予想以上に時間をロスしてしまい、しかもそこに下山口を変更しなければならなくなるという予期せぬ事態が重なった。その結果、気持ちに焦りが生じ、いくつかの判断ミスを招き、最終的には大騒動に発展してしまったというわけである。

「千葉の山へはなまじ何回か行っていただけに、なんとかなるだろうっていう甘い気持ちがあったことはたしかです。慣れから来る油断と自信過剰ですよね。もうちょっと慎重にいけばよかったんだけど……。これは反省しなきゃいけないし、私が責任を問われても仕方がないと思います」

そしてもうひとつ問題を挙げるとしたら、万一下山が遅れた場合、関係者がどの時点で救助要請を出すかという確認がとれていなかった点であろう。

山登りにおいては、不測の事態により下山が遅れるのは充分に予測できることである。冬山では下山遅れを見込んだ予備日を四、五日とっておくのは常識であるし、たとえ日帰りのハイキングであれ、このケースのように道に迷っているうちに日没となり、その日のうちに帰宅できなくなることは決して珍しくはない。

そうなったときに、携帯などで家族や関係者に遅れる旨を伝えられればなにも問題は起きないが、山ではいつでもどこからでも携帯や無線がつながるとは限らず、連絡がなければ家族や関係者が心配するのは当然であり、最悪の場合を想像して警察に捜索を依頼してしまうのは仕方のないことだろう。その結果、新ハイキングクラブのケースのような騒動になってしまうわけである。

それを防ぐためには、山に登る者が家族や関係者の心情をよく理解したうえで、「とりあえず今晩には帰る予定だが、山ではなにが起こるかわからないから、もしかしたら下山が遅れるかもしれない。万一、明日の昼までに下山せず、なんの連絡もない場合は警察に届け出るように」というようなことをしっかり伝えておく必要がある。

下山の日時が予定より遅れることは、山登りでは日常茶飯事である。それは単独行であれグループでの登山であれツアー登山であれ、山登りの形態に関わりなく起こり得る。ツアー登山などはスケジュールがきっちり決められているので、下山遅れなどあり得ないように思われがちだが、人数が多くなればなるほど、まして見知らぬ者同士の集まりとなればなおさら統率をとることは難しくなり、アクシデントも起こりやすくなる。

新ハイキングクラブのケースは、いくら当事者らが「仲間同士の山行だった」といっても、商業誌の誌面を通じて広く参加者を募ったこと、募集要項に費用および山行中の権限と責任を負うリーダーの氏名が明記されていること、さらに新ハイキングクラブとして山行を承認したことなどを考えれば、ツアー登山と同類のものと見なされても仕方あるまい。

百歩譲ってそれが仲間内の山行だったとしても、三十人という大人数のグループでの山行である以上、やはり関係者は万一下山が遅れて連絡がつかなかったときまでを想定して、対処法を練っておくべきではなかっただろうか。もしそれがなされていたら、これほどの大騒動には発展しなかったはずである。

ツアー登山の人気は今なお根強いと聞く。だったらこうした騒動がまた起こる可能性は充分にある。個人の登山者のみならず、ツアー登山や集団登山などを企画・実践しているすべての組織や団体は、下山遅れの際の対処法をしっかり確立しておく必要があろう。


騒動からおよそ二年が経った今、嶋田は新ハイキングクラブのリーダーを退き、山にもほとんど行っていない。というのも、騒動のあと心因性の神経症にかかってしまい、躁鬱や対人恐怖、過食・過飲、引きこもりなどに苦しむ日が長らく続いたからだ。

ようやく最近になって、安定剤の服用をしなくてもすむようになり、休んでいたフィットネスクラブにも通い出した。かつての山仲間も「早くカムバックして山に行こう」と声を掛けてくれる。

が、あれほど楽しかった山にまた行きたいと思えるまでには、まだ至っていない。あのときのトラウマは、いまだ癒えずにいる。

奥秩父・和名倉山　二〇〇五年五月

計画変更

尾崎葉子（仮名・当時三十八歳）の山行歴は約四年。ひとりで始めた街のウォーキングが、いつの間にか奥多摩や中央線沿線の山への日帰りハイキングとなり、それが二年目ぐらいから本格的な山登りになっていった。

最初のうちは、もっぱら単独行だった。山登りの知識や技術は、雑誌や本などで独学した。が、傍から見ているとかなり危なっかしいこともあったようだ。

初めて中央アルプスに行ったときのことである。ロープウェーで千畳敷に上がり、木曽駒ヶ岳と宝剣岳に登り、そのまま空木岳へと縦走しようとしていたところで、山岳パトロールの隊員に呼び止められた。Gパンに小さなザックひとつという軽装だったから、それも無理はない。「どうしても空木岳へ行きたいんだったら、ちゃんと装備をそろえ、食料も充分に持って、もう一度いらっしゃい」と彼は言った。

尾崎は彼のアドバイスに従い、その日はいったん下山し、山麓の街の登山用具店で装備を買い足して、翌日、再び空木岳へ向かったのだった。

山登りを楽しんでいる誰もがそうであるように、ひやっとしたことも一度や二度ではない。

大菩薩峠に行ったとき、途中で道に迷ったことに気づいて引き返そうとした矢先、ガレ場で足を滑らせ一〇メートルほど転落してしまったことがあった。幸い、下に張ってあったワイヤーにザックが引っ掛かり、擦り傷程度で助かったのだが、もしワイヤーがなければ大ケガをしているか命を落とすかしているところだった。

また、テントを担いで鳳凰三山を縦走していたときには、なんでもないところで足首を強くひねってしまい、あやうく行動不能に陥りそうになった。このときは通常のコースタイムの約一・五倍の時間をかけてゆっくり下山してきて事無きを得た。

ときにそんな目に遭いながらも、尾崎は毎週のように山に通い続けた。

そうしているうちに自分の体力とペースが把握できるようになり、知識と技術も徐々に身についていった。飯豊連峰や朝日連峰、宮ノ浦岳、南アルプスの甲斐駒ヶ岳や仙丈ヶ岳、北アルプスの白馬岳、穂高連峰、唐松岳などにも無理なく登れるようになった。ひとりテントを担いで表銀座コースから槍ヶ岳に登り、そのまま雲ノ平へと縦走し、五泊六日で富山側へ抜けたこともある。

自分の山登りのスタイルについて、尾崎自身はこう語っている。

「技術的、体力的に自分が今行けないところにはもちろん行きません。どこか大きな目標の山へ行くときには、それに向けて少しずつハードな山登りをして段階を踏むようにしています。歩行時間や山行日数をだんだん長くして、体を慣らしていくみたいな。ほとんどひとりで歩いてきたので、自分の状態がよくわかるんです。たとえば、今の状態だったら日帰りの山しか行けないなとか、一泊程度の山行だったら大丈夫だとか」

ほぼ毎週、どこかしらの山に行っているので、山登りのためのトレーニングはとくに行なっていない。強いていえば、片道約三十分の自転車通勤が適度なトレーニングになっているという程度だ。

冬山や岩登りや沢登りも経験したが、特殊な技術を要するこうした登山の場合は、登山教室やガイド登山を利用することにしている。

山を始めて三年目ぐらいになると、山で知り合った仲間といっしょに行く機会も増えてきた。四年目には、単独行よりも誰かといっしょに行くことのほうが多くなっていた。

そんなときに、事故は起こった。

「山で知り合った友人に、『三月は登山教室で赤岳に登った』とか『四月は西黒尾根で雪洞泊して谷川岳に登った』とか話をしたら、『すごい、すごい』とおだてられてしまいまして。私は連れていってもらっただけなんですけどね。今から思えば、それが慢心を引き起こしたような気もします。自分の力でもう少し難しいところに行けないか、冒険してみたくなったというか……。ほかの人と登ることが多くなっていて、ひとりで歩くことに警戒心が少なくなっていたときなんでしょうね」

二〇〇五（平成十七）年のゴールデンウィーク、尾崎は四月二十九日から二泊三日の日程で、単独で秩父の和名倉山へ登る計画を立てた。ゴールデンウィークでもあまり人がいないだろうと踏んだこと、奥秩父山系でもその周辺はまだ歩いていなかったこと、五月二日に仕事が入っていたため遠出ができなかったことが、和名倉山を選んだ理由だった。

当初の予定では、新地平から入山し、笠取山を経て将監小屋で一泊、翌日は和名倉山をピストンして将監小屋でもう一泊し、飛龍山から丹波へ下山しようと考えていた。和名倉山からは秩父湖へ抜けるコースもあるが、難路で情報が少なく、ガイドブックにも「迷いやすい」と書かれていたため、そちらへは行かないことにした。

ところが出発当日になって、計画が狂ってしまった。二十九日の朝、予定どおり家を出たのだが、踏切事故のため中央線が一時ストップ。高尾駅で一時間足止めを食らい、塩山から新地平までのバスの時刻に間に合わなくなってしまったのだ。塩山〜新地平間のバスは本数が少なく、乗ろうと思っていた便を逃すと、その日のうちに将監小屋まで入ることができなくなる。仕方なくその日は入山を諦め、知人を呼び出して高尾山を歩いて憂さを晴らし、翌日、再び出直すことにした。

が、五月二日はどうしても会社に出勤しなければならず、二泊三日の計画を一泊二日に変更する必要があった。これにより、将監小屋から和名倉山をピストンして丹波へ下りるつもりだったのを、和名倉山から秩父湖へ下山する計画に変更してしまったのである。

翌四月三十日、仕切り直しのアプローチはスムーズに事が運んだ。

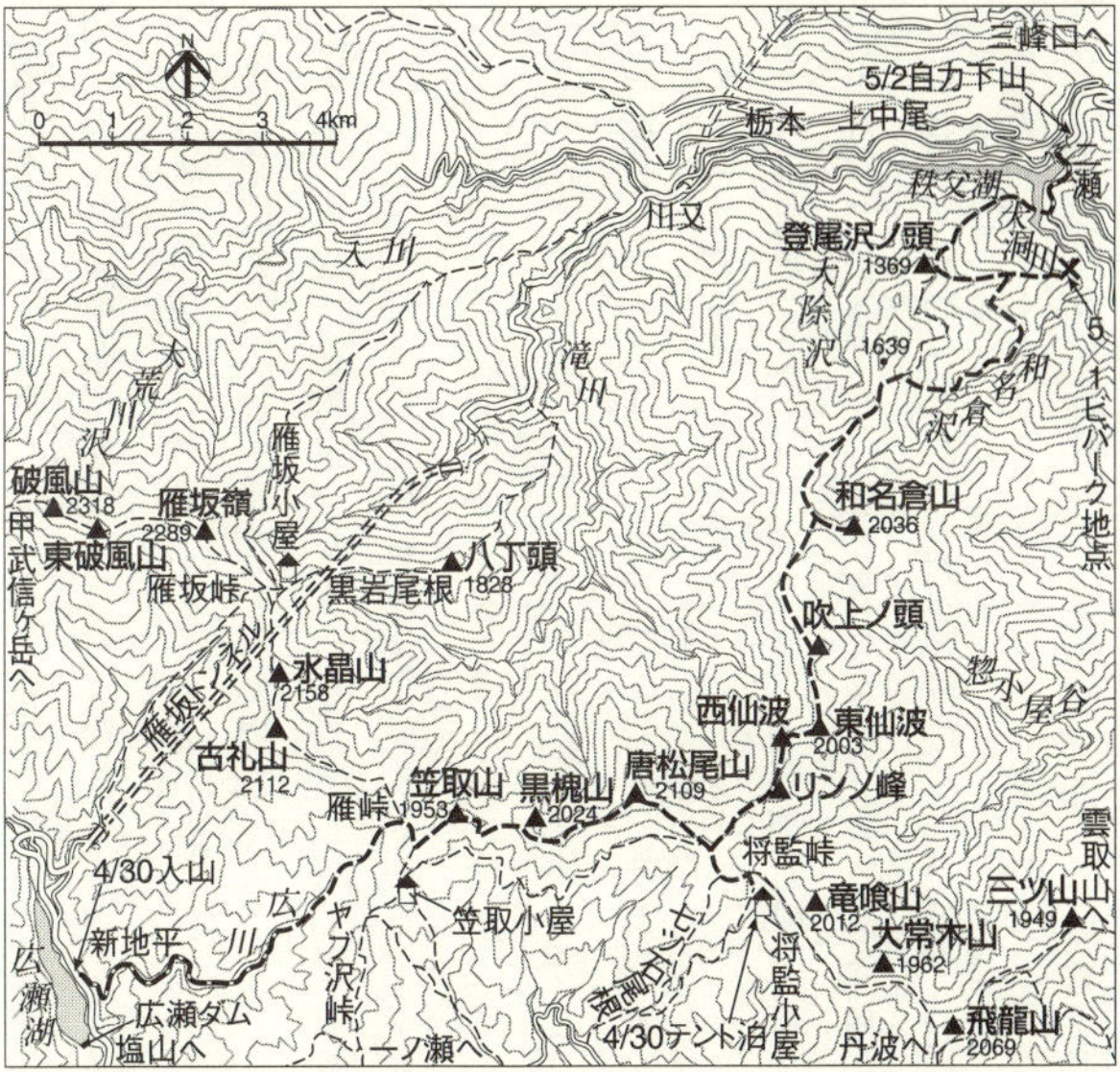
三峰口へ
5/2自力下山
栃本
上中尾
二瀬
秩父湖
川又
入川
登尾沢ノ頭
1369
大洞川
大除沢
1639
和名倉沢
5/1ビバーク地点
滝川
大荒川沢
雁坂小屋
破風山
2318
雁坂嶺
2289
甲武信ヶ岳へ
東破風山
雁坂峠
黒岩尾根
八丁頭
1828
和名倉山
2036
吹上ノ頭
惣小屋谷
水晶山
2158
雁坂トンネル
西仙波
東仙波
2003
古礼山
2112
唐松尾山
2109
笠取山
黒槐山
2024
リンノ峰
雁峠
1953
雲取山へ
将監峠
4/30入山
笠取小屋
竜喰山
2012
三ツ山
1949
広川
ヤブ沢峠
大常木山
1962
新地平
将監小屋
広瀬湖
広瀬ダム
塩山へ
一ノ瀬へ
4/30テント泊
丹波へ
飛龍山
2069

塩山駅でバスを待っていると、西沢渓谷へ行くというハイカーに声を掛けられ、四人でタクシーを相乗りすることにした。そのタクシーの中で、運転手に「どちらへ行くんですか」と尋ねられ、「笠取山のほうへ行きます」と答えた。

それを聞いて、運転手が話を続けた。

「実は、以前、私のタクシーを予約されていたお客さんが、時間になっても下山してこなくて、警察に連絡したことがあるんです。その方も女性でして、山登りの経験も豊富だったんですが、ひとりで山に登ったところ、天気が悪くなって道に迷っちゃったんですね。結局、埼玉県側の山のなかで、動かずにじっとしているところを救助されたからよかったんですけど。やっぱり山で道に迷ったときには、動かないのがいちばんなんですね」

それはまさしく暗示であった。尾崎が〝埼玉県側〟と聞いてまずピンときたのが、「和名倉山かな」ということだった。次に、今回の山行について誰にも話していないことに気がついた。和名倉山に行くことは、前日、高尾山にいっしょに登った知人にだけは話してあった。しかし、詳しいコースまでは伝えていなかった。

これはちょっとヤバイなと思い、タクシーを新地平で降りるとすぐにその知人と会社の上司に携帯電話からメールを打ち、行程を伝えておいた。

新地平を出発したのは九時半。テント山行のため、ザックの重さは一五キロほどになっていた。食料は、ラーメンやカロリーメイトなどのほか、一日分程度の非常食を持った。

天気はよかったが、雁峠まではほかの登山者にほとんど会わなかった。タクシーの運転手が、「交通の便が悪いから、こっちのほうから登る人は非常に少ない」と言っていたのはほんとうだった。

稜線に出ると、雁坂峠方面からの登山者らがポツポツと見られるようになった。笠取山を越え、黒槐山、唐松尾山と縦走し、将監峠にはちょうど夕方の五時ごろに到着した。

幕営地には、すでに十張以上のテントが張られていた。適当なスペースを見つけて一~二人用の小さなテントを張り、ひと息ついてから夕食をすませるとやることはなく、もうあとはゆっくり眠るだけだった。

ササ藪

五月一日の朝は四時に起床し、五時半ごろにはテントを撤収して将監峠をあとにした。

事前に見ていたガイドブックには、将監峠〜和名倉山のルートは難路を意味する破線で描かれていた。たしかにコース上に設けられている道標はどれも小さく、文字も消えかかっていて読み取れなかった。道迷いについての注意を促す看板も、数カ所に立てられていた。だが、コースそのものは明瞭だった。

天気は晴れときどき曇り。風が強く、残雪もところどころにあり、何度か「引き返そうかな」とも思ったが、ほかにも同じコースをたどっている登山者が何人もいたことが心強く感じられ、そのまま先へと進んだ。

途中、歩きながら何人かの登山者と会話を交わした。そのなかに、和名倉山から秩父湖へ下りるコースを歩いたことがあるという単独行の若い男性がいた。

「一度だけ通ったけど、鬱陶《うっとう》しいササ藪がずっと続くコースで、もう二度と行きたくない」

そう彼は言った。ガイドブックに書かれていた「迷いやすい」という情報につい

東仙波の古い標識。和名倉山への分岐の標識はもっと読みづらい小さな板で、木にくくりつけられていた

て確認してみると、「ササ藪で迷ってしまいそうになる」とのことだった。

和名倉山の山頂には十一時ごろ着いた。山頂は「樹林に囲まれた三畳間」のようなところで、見通しはまったくきかなかった。そこで、山頂手前の秩父湖への分岐点までもどり、昼ご飯を食べながら小一時間ほどゆっくり休憩した。

十二時、秩父湖への下山を開始する。ほかの登山者はみな将監峠からのピストンで、同じ下山コースをたどる者は誰もいなかった。ガイドブックには和名倉山〜秩父湖のコースもまた破線で示されており、「背丈を超えるササ藪」との表記もあった。

「だったら行くなよ、って感じですよね。でも、突っ込んでいってしまいました」

最初のうちは、明瞭なふつうの登山道が続いていた。道標はひとつもなかったが、周辺の樹林のなかには苔むした倒木が何本も横たわっていて、それがいかにも奥秩父らしい光景に思えた。

だが、一時間ほど下っていったところで、風景ががらりと変わった。まるで「さあ、いよいよここからが始まりだよ」とでもいうように、いきなり背丈を超えるササ藪が現われたのである。

和名倉山山頂付近、手前の分岐で、昼ご飯を食べてゆっくりする

そのなかへと続いている道に導かれるようにしてササ藪に足を踏み入れると、とたんに周りがなにも見えなくなった。間もなくすると、道も踏み跡なのか獣道なのかわからないほど心細いものになってきた。しかし、ときどきササにテープが巻きつけられていたため、ルートは外れていないはずだった。

のちに判明したことだが、ササ藪のなかを通っている正規のルートが、途中で一カ所、尾根を外れて一六三九メートルピークを東側に巻くところがある。ルートはそのあとまた尾根にもどるのだが、巻き道の東側には和名倉沢が和名倉山に向かって突き上げており、その枝沢が一六三九メートルピークの近くまで延びていた。

この和名倉沢は沢登りの人気ルートとなっていて、沢を遡行してきた登山者が一般ルートへ出るための目印として、枝沢に思い思いにテープを付けていた。一方、正規のルートにも、ルートを示すテープが付けられている。つまりこのあたりには、沢を遡行する登山者のためのテープと、縦走する登山者のためのテープが無秩序に入り乱れていたのであった。

それを知らない尾崎は、いつしか正規のルートを外れ、沢登りの人たちが付けたテープにずるずると引きずり込まれるようにして、和名倉沢のほうへと導かれてい

ササ藪のなか。右上の立木にピンクのテープが付けられているが、ルートはほとんどわからない

ってしまう。

「あとで事情聴取を受けたときに、埼玉県警の方から『何色のテープを目印に下ってきましたか』と何度も聞かれましたが、赤、ピンク、蛍光色など、いろんな色のテープがあって、はっきり覚えてないんです。ピークを巻く正規のルートと枝沢がズレているんだったら問題ないのかもしれませんが、非常に嫌なところでぶつかっているんですよね。あれでは、何色のテープがなんの印なのか、どこへ導かれるテープなのか、まったくわからないと思います。でも、沢登りの人気ルートがあるということを知っていたら、ある程度予期できることですよね。その点はやっぱり情報収集不足だったなと思いました」

和名倉山が道に迷いやすい山であり、過去に道迷い遭難事故が多発していることは、埼玉県警山岳救助隊の飯田雅彦も認めている。

「ここ最近インターネット等で人気が出てきて登る人が増えているんですけど、非常にササ薮が深く、ガスが出たりするともうわからなくなっちゃうんですね。しかも、沢登りの人たちがテープを付けていくでしょ。山頂付近はほんとにテープだらけです。それを一般登山者がたどっていって、和名倉沢に足を踏み入れてしまうわ

非常に薄い踏み跡。このときすでにルートを外れていた

けです。だからうちでも道迷いの注意を促す標識を山頂に設けたり、地元でも『勝手に赤テープを貼るな』という警告を出したりしてはいるんですが……」

和名倉山の山頂周辺には、秩父湖方面へ向かう登山者に向けて「道に迷っても沢に下りるな」という看板が何カ所かに設けられている。尾崎もそれを目にしているのだが、「道に迷ったときには沢を下りてはならない」というのは当然のことなので、あまり気に止めていなかった。

しかし、気づかぬうちに、いつの間にかその轍《てつ》を踏んでしまっていた。

ビバーク

沢登りの人たちが付けたテープに導かれていくと間もなくササ藪を抜け、踏み跡のある沢の源頭部を下っていくようになった。このあたりで、尾崎は「間違ったルートを来ている」ということに気づいたという。だが、引き返そうとはしなかった。ルートファインディングに自信のないササ藪にもどるよりも、テープの付いている道らしき踏み跡をたどっていったほうがいいと判断したからだ。

なにより、同居している母親に心配をかけたくなかった。たとえ予定のルートと

沢に出る。ここからしばらくは右岸に踏み跡があり、徒渉点を示すかのようなテープがあった

は違っても、今日中に帰宅するために、下れるものなら下ってしまいたかった。

このとき、自分では落ち着いて判断を下しているつもりでいた。しかし、あとから振り返ってみると、どう考えても冷静ではなかった。自覚せぬ焦りが、知らず知らずのうちに冷静さを失わせていた。

しばらくすると、地形は完全な沢となった。が、踏み跡は相変わらず続いている。徒渉地点を示すように、左岸と右岸にテープの付けられたところも二カ所あり、徒渉して反対側に渡った。この時点ではまだ、沢沿いの登山道を下っているのだろうと思っていた。

しかし、そのうちに沢の水量が増し、小さな滝も現われるようになった。途中、ロープが垂れているところも何カ所か出てきた。そのロープにコブが結ばれていないのを見て、このルートが整備されたものでないことを感じとった。

「沢登りは前年から始めたばかりなんですけど、何度か沢に行っているから一応区別がついたと思うんです。沢沿いの登山道なのか、そうじゃないのかっていう区別が」

午後四時、尾崎は「これは沢登りのルートだ。下れない!」と確信する。

沢から離れようとして方向転換した樹林帯のなかにも踏み跡があり、それをたどっていくと仕事道のようなはっきりした道となった。だが、ホッとしたのも束の間で、少し下ると仕事道はぷっつり途絶えてしまった。

仕方なく道なき道を行くと、今度は沢の音が聞こえてくる。「いけない」と思って方向を転じると、再び仕事道が現われるのだが、それも長くは続いておらず、また途切れてしまう。

結局、仕事道はブツ切れ状態で、道がないところをむりやり下っていくしかなかった。その途中に二カ所ほど、転滑落の危険のある急斜面が現われた。

山岳ガイドについてフリークライミングを経験していたこと、そして補助ロープ（七ミリ×一五メートル）を携行していたことが、このとき役に立った。ロープを立木に回し、懸垂下降で急斜面を下りたのである。以前、雪上訓練で肩絡みの懸垂下降を教わっていたはずだったが、すっかり忘れていたため、グリップで懸垂した。もし補助ロープがなく、またクライミングの経験がなかったら、そこで進退窮まっていたかもしれない。クライミングをかじっていてよかったと、このとき思った。

下っていくルートは、意識して尾根上を選択するようにした。しかし、現在位置が特定できない。地図とコンパスで確認しようとしたものの、目標物がなく、どこにいるのかわからない。持っていた地図は五万分の一の地形図。もっと詳細な二万五〇〇〇分の一の地形図を持ってくるべきだったと悔やんだ。

とにかく尾根を下っていけば秩父湖のほうに出るだろうと、そのまま下り続けた。しかし、その枝尾根の末端まで行って愕然とした。尾根はそこで崖となって秩父湖に落ち込んでいたのである。

考えてみれば、和名倉山から尾根を北にたどっていけば秩父湖に突き当たるのは当然であるが、道路は秩父湖の対岸に付けられている。つまり秩父湖を対岸に渡らなければならないわけで、そのためには橋が架かっているところに出る必要があった。

「そうか、橋があるところを目指して下りていかないと対岸に渡れないんだ」

そう思ったが後の祭りである。周囲は断崖になっているため、湖畔を迂回して対岸へ行くことはとてもできそうになかった。

ただ、ここまで下りてきた唯一の収穫があるとしたら、現在地が確認できたことだ。対岸の正面の山には、かなり高いところまで道路が延びているのが見えた。この周辺で標高の高いところを道路が走っている山といったら、三峰神社のある三峰山しかない。その方向と、蛇行する谷の形を地図上で照合してみて、大洞川が秩父湖に注ぎ込むあたりにいるということがわかった。

現在地が判明し、正規のルートに出るためにはどちらへ行けばいいのかの見当もついた。だが、時すでに遅し。時刻は午後六時半を回り、日没が間近に迫っていた。わずかに登り返すとテントが張れそうな場所があったので、やむなくそこで一夜を明かすことにした。

夕食は、予備に持っていたインスタントラーメンを食べた。残っているのはカロリーメイトとドリップタイプのコーヒーだけだったが、食料よりも水のほうが心配だった。沢を下りているときに補給した水は、残り三〇〇ミリリットルほどになっていた。

夜になって雨がポツポツと落ちてきたので、これ幸いとばかりにテントの前にコッヘルとその蓋、カップ、水筒の蓋など、器になりそうなものをすべて並べて水をとろうとした。しかし、雨は小降りで、二〇〇ミリリットルほどの雨水しかとれなかった。

気掛かりなのは、母親のことだった。山に行くときは、常々「予定どおり帰ってこなくても、一日は捜索願いを出すな」と言い渡していたが、心配しているであろうことは間違いなかった。

だが、雨が降りはじめたことで逆に諦めがついた。天気がよければ、翌朝は会社の始業時間前になんとか下山して連絡を入れようと思っていたが、雨だったら無理してまで動こうとは考えなかった。これまでの経験から、条件の悪いときに動くとロクなことがないということはよくわかっていたので、「天気が悪ければ、明日は一日、テントの中で寝ていよう」ぐらいの気持ちでいた。

それでもとりあえず目覚ましぐらいはかけておこうと思って、初めて携帯電話を紛失していたことに気がついた。迷っているときに何度か取り出して母親に無事を伝えようとしたのだが、いずれも圏外だった。最後に携帯を手にしたのは、時間を確認した夕方六時過ぎだったから、ビバーク地点からそれほど離れていないところに落ちているはずだった。もしかしたらと思ってテントの周囲だけは捜してみたが、見つからなかった。

が、それもまた雨のおかげで諦めがついた。どうせ雨に濡れて使いものにならなくなっているだろうと思ったら、捜そうという気も失せていた。

自力下山

雨はずっと降り続いていたが、翌朝、目が覚めると、スカッと晴れ渡った空が広がっていた。雨水でお湯を沸かしてコーヒーを入れ、カロリーメイトを半分食べて、六時から行動を開始した。

セオリーどおり尾根を登り返していって間もなく、秩父湖が見渡せる場所に出た。渡るべき橋も、その橋へ至る樹林の尾根もはっきり見えた。どこをどうたどっていけばいいのか、これでようやく確信が持てるようになった。

尾根を登っていくときには、できるだけ体力を温存するため、そして不注意によるケガを避けるために、とにかくゆっくりと慎重に歩くことを心掛けた。水も残り少なかったので、なるべく汗をかかないように注意して行動した。安定した場所に出たときには、こまめに休むようにもした。

歩いていて改めて感じたのは、山中のいたるところ踏み跡だらけだということだった。だったら踏み跡のあるほうに行ったほうが安全だろうと思い、尾根を外れてたどっていっても、いつしかそれは消えてしまっていた。しかし、あたりを探すと別の踏み跡がついている。ならばとそれをトレースしていくと、今度は大崩落地に突き当たって進めなくなってしまう。ところがそこから三メートルほど離れたところには、また別の踏み跡がついているのである。

「ほんとうに踏み跡だらけなんですよ。もうぐちゃぐちゃでした。誰かが歩いているんだから、どこかにたどり着くはずだってふつうは思うじゃないですか。でも、どれもぶつ切り状態なんです。あの山で、どれだけたくさんの人が迷ったのかと思ってしまいました」

これはもう人の足跡もあてにできないと思い、再び尾根にもどって尾根筋を忠実に登っていくことにした。やがて、前日に往生したササ藪が現われた。昨日は嫌で嫌でたまらなかったササ藪が、今日は懐かしく感じられた。

一抹の不安はあったものの、ササ藪に突入して十分も歩かないうちに、地図上で目標にしていたピーク、登尾沢ノ頭にひょっこり飛び出した。電波反射板の立つ、見晴らしのいいこのピークからは、明瞭な登山道が下のほうへ続いていた。それを見てようやく「ああ、やっと正規の登山道に出られた。これで助かった」と思うこ

登尾沢ノ頭。電波反射板の立つピークから秩父湖を見下ろす

とができた。

その少し前、見通しのきかない樹林帯の尾根を登っているときにヘリコプターの音が聞こえてきて、「もしかして捜されているのかな」という予感が頭をかすめた。

のちにわかったことだが、前日に携帯からのメールを受け取った友人が、翌朝になっても下山したという連絡がないことを不審に思い、尾崎の自宅や勤務先に電話をしたところ、まだ帰っていないことが判明して警察に連絡を入れていたのだった。

一日の午前中、埼玉県警の救助隊員から確認の連絡を受けた母親は、「娘には、捜索願いを出すのは一日待ってからにしろと言われております」と告げた。

「でも、和名倉山はこれまでにもたくさんの登山者が道に迷って行方不明になっているんです。すぐに捜索をしたほうがいいと思いますよ」

娘には「一日待て」と言われていたが、隊員にそう言われると不安がよけいに募ってきて、「そうなんですか。それでは捜索をお願いします」と答えるしかなかった。

尾崎が登尾沢ノ頭に出たときにもヘリコプターの姿は見えなかったが、音だけは聞こえていた。

「これは間違いなく自分が捜されている。だったら少しでも早く無事だということを報せなければ」

そう思って黄色の雨具を高い位置に掲げ、煙を立ち昇らせるために周りの枯れ枝を集めてきて火を起こした。しかし、ヘリがこちらに来るような気配はまったくない。

このときヘリコプターは沢筋を重点的に捜索していたことを、あとになって聞かされた。というのも、和名倉山で多発している道迷い遭難では、沢に迷い込んでいって死傷するというケースがほとんどだったからだ。沢筋に倒れている者はいないかと血眼になって捜索していた救助隊員は、まさか尾崎が尾根の上から自分たちに合図を送っているとは思いもしなかったのだろう。

尾崎は、濡れた靴や靴下を焚き火で乾かしながら、一時間半ほどヘリがやってくるのを待ったが、いっこうにやってくる様子がない。一刻も早く無事でいることを報せたかったのだが、ただ待っているだけでは埒《らち》が明きそうになく「だったら下りちゃったほうが早いだろう」と思って下山を開始した。

正規のルートに出てからはもう迷うこともなく、午後二時には秩父湖に下山することができた。ちょうど秩父湖に架かる橋を渡っていたときに、尾崎の真上を捜索のヘリが通過していった。「おーい」と叫びながら手を振ってみたが、やはり気づいてはもらえなかった。

橋を渡って車道を二十分ほど行くと、秩父湖のバス停の近くにある酒屋が目に入った。その店に飛び込み、「すみませんが私のことを捜しているみたいなので、電話を貸してください」と頼んだところ、その酒屋の主人はこう言った。「昨日もひとり、駆け込んできたよ。その人は二晩ビバークしたって言ってたね。かと思うと、テープのとおりに行ったらなんでもなかったっていう人もいるし」

まずは会社と自宅に電話をかけ、無事、下山したことを報せた。受話器の向こうからは、心配のあまり眠れぬ夜を過ごしたという母親の、ホッとしている様子が伝わってきた。

懸念していたとおり、すでに捜索願いは出されていた。先ほどのヘリは、案の定、自分を捜していたものだった。そこで次に埼玉県警に連絡を入れると、「そこで待つように」と言われ、約三十分後に最寄りの駐在所の警察官がやってきた。その警察官からは「元気な遭難者だね」と言われた。それから間もなくしてヘリに乗っていた救助隊員二名も到着し、酒屋でひととおりの経緯を説明した。さらにパトカーで秩父警察署に移動し、事細かな事情聴取を受けた。

聴取は夕方の五時には終わり、その後、電車に乗って母親の待つ家へと帰宅したのだった。

「和名倉山周辺では、この事例の前にも、大除沢に迷い込んだ登山者が沢を下っていって命を落とすという事故が起こっています。尾崎さんの場合も、いったんは沢を下っていったんですが、滝が現われて下りられなくなり、尾根に上がって助かったんですね。どちらも単独行だったんですが、そのへんが生きて下山できるか、亡くなってしまうかの分かれ目でしたね。でも、よく冷静な判断をして尾根に登り返しましたよね。あのまま和名倉沢を下降していたら、間違いなく転落して命を落としていたと思います」

そう言うのは、前出の埼玉県警山岳救助隊の飯田である。

だが、尾崎にとっては決して結果オーライで片づけられることではなく、いろいろな教訓を残す苦い経験となった。

「行く前から迷うことが決まっているようなもんですよね。思い返してみればなにもかも」

そう語る尾崎がまず指摘するのは、二泊三日の予定が一泊二日になった時点で、このコースは諦めなければいけなかったということ。彼女は、日程が短くなったことによって、所要時間は短縮されるがより難しい下山コースを選んでしまった。だが、最初から道迷いが不安視されるコースならば、出発前に充分な情報収集を行なうべきなのに、それもせずにバタバタと出掛けていった。そのことがそもそもの間違いだったと、彼女は言う。

また、誤算だったのが、破線ルートのレベルの読み違い。

「地図上に破線で示されているルートは、ほかの山でも何度か歩いているんですけど、その破線がどの程度のレベルなのかっていうのは山域によって全然違うし、また地図やガイドブックによってもまちまちなんですよね。行ってみたら、ただ長いだけで全然難しいルートじゃなかったっていうようなこともいっぱいあるじゃないですか。だからどの程度のレベルなのかっていうのがわからないまま、安易に入っちゃったんですよね。でも、同じ破線のルートでも、将監峠から和名倉山までと、和名倉山から先とでは、まったく違っていました。そういうところで、わからないからといって賭けをしちゃいけませんね」

さらに、山行計画を事前に誰にも知らせていなかったことも反省ポイントのひとつだ。いつも山に行くときには、最低でもふたりの友人に行き先を伝え、長い山行の場合は会社に登山計画書を提出しているのだが、この山行に限ってはそうしたことを行なっていなかった。「いざというときにあなたの命を救うのは、友人や上司に行き先を伝えておくことなんですよ。正式なものでなくてもいいから、必ず登山届を出すように」と、飯田にも念を押された。

「入山する直前に、タクシーの運転手さんの話を聞いて、『あ、今回は誰にも言っていなかった』なんて気づくのは、緊張感が足りなさすぎますよね」

唯一、適切な判断だったのは、飯田が言うように途中で尾根に登り返したことだが、本人はそのことについても納得していない。

「登ってはまた下りちゃったりしていましたから、結果的には遠回りしてしまいました。そのまま登っていれば、もうちょっとお利口だったかもしれませんね」

ただ、単独行の是非についてはいまだに判断がつきかねている、と尾崎は言う。山で道に迷う確率は、パーティで登るよりも単独行のほうが高いことは間違いない。今回、和名倉山で道に迷ったのも、単独行だったことが大きな要因だと思っている。もし、誰かがいっしょだったら「待て」と言ってくれただろうし、むやみに突っ込んでいくこともなかっただろう。

しかし、その一方で、無事に自力下山できたのはひとりで身軽だったからだとも思う。もしパーティを組んでいたら、その仲間が自分より体力的・技術的に力のある人であれ力のない人であれ、結果的に振り回されることになり、より困難な状況に追い込まれていた可能性もあるのだ。ひとりならば、自分より力のある人に引きずられて無理することもないし、逆に力のない人が足手まといになってしまうこともない。

そう考えると、単独行が危険で、パーティを組んで登るのが安全だとは、一概に決めつけられないような気がするのである。

今回の件について、母親は諫めるようなことはなにひとつ口にせず、尾崎は相変わらず山登りを続けている。

「まだハイキング程度なんですけどね。長くても四、五時間のコースを、ちょこちょこと歩いています。こんな騒ぎを起こしちゃったあとなんで、気持ちはちょっと萎えているんです。単独行も、その良し悪しはともかく、周囲が納得してくれるものではないので、なるべく避けるようにしています」

騒動が一段落したあと、尾崎は山の仲間たちに、事故の経緯についてまとめたメールを出した。そのメールの最後は、こう結ばれていた。

〈皆さんにはいつも山行にお誘いいただいているので、ご報告しないのは騙しているようなものですし、私の失敗を踏まえて、皆さんがこれからも安全に山行を楽しんで下さる様、お祈り申しあげます〉

初版あとがき

警察庁の発表による二〇〇四年度の山での遭難者数は一六〇九人。うち道迷いによる遭難者は五五三人と、総数の約三分の一を占めている。ここ数年の統計を見ても、その割合はほぼ同じで、つまり近年は遭難者の三人にひとりが道迷いによって遭難しているということになる。

ただ、警察庁の統計には山菜・キノコ採りや渓流釣りなど登山以外での事故も計上されており、この数字のすべてが山登り中に起こっているわけではない。また、道に迷って山中を彷徨っているうちに崖や滝から転滑落してしまったというケースは、道迷いとしてではなく転滑落事故として計上されている。

こうしたことから、山登りにおける道迷い遭難の統計的な実態は把握されていないのが現状である。

しかし、「登山中に道に迷って遭難した」というニュースは今もあとを絶たず、以前から道迷いが山岳遭難事故の主要要因になっていることだけは間違いない。

実際、山登りをやっている人なら、誰でも一度や二度は道に迷った、あるいは道に迷いかけた経験があると思う。それが幸い大事に至らなかったのは、「あれ、おかしいぞ」と思った時点で引き返したからではないだろうか。引き返していけば、「ここで間違えたんだ」というポイントが必ず見つかるはずである。

ところが、この「引き返す」ということがなかなかできない。「おかしいな」と思いながらも、「もうちょっと行ってみよう」と、ずるずる先に進んでいってしまう。そして進めば進むほど引き返すことが億劫になり、どんどん深みにはまっていってしまうのである。

はっきりと「しまった、道に迷った」と自覚したときには、もうかなりの距離を歩いてきているので、今さら引き返す気にはなれなくなっている。この時点であっても、引き返すことが最良の手段なのだが、当事者の頭の中にもうその選択肢はない。「このまま行けばどこかに出るはずだ」という淡い期待にすがり、やみくもに前進を続けていく。

しかし、やがて行く手には滝や崖や薮が立ち塞がる。それを避けながら進むうちに、ますます袋小路へと追いつめられていき、最後は滝や崖を強引に突破しようとして転落してしまう。あるいは体力が尽きて行動不能に陥ってしまう。

これが、道迷い遭難の典型的なパターンである。

だからほとんどの道迷い遭難は、ごく単純なことで防ぐことができる。なにしろ「おかしい」と思った時点で、引き返せばいいのだから。

ところが、この簡単なことが難しい。

それはたぶん、道迷い遭難が人の本能と願望の葛藤に起因するものだからだと思う。「今たどっているルートが正しいものであってほしい」とする願望と、本能が発する「そっちは違うぞ」という危険信号とのせめぎ合い。その結果、人はどうしても楽なほう、安易なほうに流されがちであるから、願望が勝ってしまう。かくして道迷い遭難が起きる。

「おかしいなと思ったら引き返せ」「道に迷ったら沢を下るな」というのは山の鉄則であり、山に登っている人ならば誰もが知っていて当然のことである。なのにそれがなされていないのは、道迷い遭難には、このように人の心のいちばん弱いところに原因を成すものがあるからではないだろうか。そうでなければ、毎年多くの道迷い遭難が起きている説明のつけようがない。

本書では、七つの道迷い遭難のケースを取り上げた。そのほとんどのケースでは、ただ運がよかったから助かったのであって、なにかひとつでも違う方向に行っていたら、命を落としていてもおかしくはなかったといっていい。ただ、和名倉山での遭難に関しては、当事者が道に迷ったのちに適切な行動をとったことによって自力下山できたケースとして紹介している。また、麻綿原高原のケースは、本文でも触れたとおり〝遭難〟ではなくあくまで〝騒動〟だったと思うが、遭難報道のあり方と救助要請を出すタイミングの問題を考えていただきたいという意図から取り上げることにした。

なにはともあれ、読者の方がこの七つのケースからさまざまな教訓を得て、それを自身の安全登山に役立たせていただけたのなら、筆者として本望である。

ところで、本書にご登場いただいた七つのケースの当事者の方には、それぞれ救助にどれくらいの費用がかかったのかを聞いている。

まず、荒川三山のケースでは、計二百万円余りの救助費用がかかっている。そのうち二百万円は加入していた旅行障害保険でまかなわれ、不足分を本人が負担した。

北岳のケースでも、病院の費用等を含め二百万円近い費用がかかったが、山岳保険には加入していなかったので、全額を支払うことになった。もっとも、「それで命が助かったんだから安いものだ」と本人は言っている。また、この費用とは別に五万円を地元に寄付、これによって紛らわしかった道標が整備しなおされた。

上州武尊山のケースでは百二十万円の請求が来て、全額が加入していた山岳保険で支払われた。山岳会の仲間たちが捜索のためにやってきた際の宿泊費等は、別途負担している。ちなみに事故のあと、当事者は補償金がワンランク上の山岳保険に加入し直したという。

高沢山の場合の救助費用は九十万円弱。捜索に使われたのが県警ヘリだったので、その費用は請求されていないが、もし民間のヘリが出動していたら、かなりの額になっていたものと思われる。

そのほかの常念岳、和名倉山、麻綿原高原のケースでは、行政ヘリや警察官らが出動していることから、当事者への救助費用の請求はなかったという。

事故現場が特定できる転滑落事故などとは異なり、道迷い遭難の場合はまず遭難者がどこにいるのか捜すことから始めなければならない。このため、捜索はどうしても大規模かつ長期化することになり、民間の救助隊員やヘリコプターが出動した場合には莫大な救助費用がかかってきてしまう。

山岳保険への加入および登山計画書の提出は、そうしたリスクを軽減するためのものである。それは山に登る者が果たすべき責任といっても過言ではないだろう。

なお、本書では実名報道を原則としたが、当事者の意向により、一部を仮名とした。敬称を省かせていただいたこと、年齢を事故当時のものとさせていただいたこともお断わりしておく。もし非礼があったとしたら、ご容赦いただきたい。

最後になったが、こちらの不躾なお願いにも関わらず、快く取材に応じていただいた方々をはじめ、情報を提供してくださった方々、そして山と溪谷社の担当編集者・神長幹雄氏にも心よりお礼を申し上げたい。ほんとうにどうもありがとうございました。

二〇〇五年十二月十八日

羽根田　治

文庫の追記　近年の遭難事故と道迷い遭難

歳をとるほど遭難しやすくなる

二〇〇六年一月に刊行された本書単行本の「あとがき」でも触れたが、警察庁では毎年六月ごろに前年の山岳遭難事故の統計データをホームページ等で発表している。「あとがき」を書いた当時の最新のデータは二〇〇四年度のもので、遭難発生件数は一三二一件、遭難者数は一六〇九人であった。以降も遭難事故は増え続け、十年が経過した二〇一四年度の遭難発生件数は二二九三件、遭難者数は二七九四人を数えた。

近年のこの統計データには、毎年のように「発生件数、遭難者数ともに統計の残る昭和三十六年以降で最も高い数値となった」のひと言が添えられているが、その文言は二〇一四年度のデータでも繰り返されている。

一九八〇年代ごろから始まった中高年の登山ブーム以降、遭難者の多くは中高年層である。登山者のほとんどが中高年層なのだから、それも当然といえば当然であろう。

現時点で最新の二〇一四年のデータによると、四十歳以上の遭難者は全遭難者の七六・四パーセントを占める二一三六人で、うち六十歳以上は全遭難者の約半数（五〇・一パーセント）に当たる一四〇一人。また、四十歳以上の死者・行方不明者は全死者・行方不明者の九二パーセントにあたる二八六人。うち六十歳以上は二一四人で、全死者・行方不明者の六八・八パーセントを占めている。

中高年層、とくに六十歳以上の高齢者の遭難に歯止めがかからないのは、リタイアした団塊の世代が老後の楽しみとして山に登りはじめたことが一因にあると見られる。団塊の世代が六十歳になって定年退職を迎えたのが二〇〇七〜〇九年。定年を六十五歳まで引き延ばしたとしても、二〇一二〜一四年には仕事をリタイアしているだろうから、七十歳を過ぎるまで登山を続けるとして、少なくとも二〇二〇年前後までは高齢者の遭難事故の増加傾向が続くのではないだろうか。

その一方で、二〇〇九年ごろから若者の間で登山がブームとなり、ひと昔前とは比べものにならないほど若い登山者が増えた。それに伴い、ここ数年は若者による遭難事故も増えてきている。二〇〇四年度の統計では、四十歳未満の遭難者は全遭難者数の一八・六パーセントにあたる三〇〇人だった。それが二〇一四年度には六五六人にまで増え、全体の二三・五パーセントを占めるまでになっている。

とはいえ、全遭難者の約四分の三は中高年者である。山で実際に遭難しているのは、圧倒的に中高年層のほうが多い。

北アルプスや八ヶ岳などの人気山岳エリアを擁する長野県の山岳総合センターと山岳遭難防止対策協議会は、二〇一五年六月、「登山関係事業者・登山関係団体のための高年登山者の傾向と対策」というレポートを発表した。そこに掲載されている「登山年齢と遭難年齢の分布」というデータ（二〇一三年の夏山シーズン中に県下各山域で登山者にアンケート調査を行なった結果）が興味深い。これによると、七十歳代の登山年齢分布が五・二パーセント（約二十人にひとり）なのに対し、三十歳代は二十パーセント（五人にひとり）なのだが、遭難年齢は七十歳代が十七・二パーセント（約六人にひとり）、三十歳代は六パーセント（約十七人にひとり）となるなど、二十歳代以上では歳を重ねるにつれて遭難するリスクが大きくなっていることがはっきりと数字に表われている。

同レポートには、「遭難年齢分布率÷登山年齢分布率」を「遭難のしやすさ」と定義して数値化したものも掲載されている。それを見ると、二十歳未満が一・二四、二十歳代〇・二九、三十歳代〇・三〇、四十歳代〇・八二、五十歳代〇・八一、六十歳代一・七四、七十歳代以降三・三一となっており、やはり二十歳代以降は年齢とともに遭難しやすくなることが読み取れる。とくに四十歳代、六十歳代、七十歳代では、前の世代よりも数字が大幅にアップしていることにも注目すべきだろう。

中高年登山者の遭難事故が多いのは、言い換えると中高年登山者が遭難しやすいのは、若者に比べて体力レベルが低下していることがいちばんの要因だと考えられる。六十代の登山者に「二十代の登山者と同じ重さのザックを背負って同じコースを同じペースで歩け」というのは無謀というものだ。石につまずいてバランスを崩しそうになったとき、若い人ならなんとか踏みとどまってリカバリーできるところを、高齢者は踏ん張りがきかずに転倒（あるいは転滑落）してしまう。

そうした体力の衰えをしっかり自覚しているのなら問題はないのだが、今の自分の体力を客観的に評価できずに過大評価している人が決して少なくない。その結果、体力・技術レベルに見合わない計画を立てて山に行き、そこで無理が生じて遭難してしまうというわけである。今、遭難事故が起こるたびに救助関係者が「自分の体力・技術に見合った山に登るようにしてください」と呼びかけているのは、そんな事故が引きも切らないからだろう。先にあげた長野県のレポートにも、こんな副題が付けられている。

「～過去の体力 過去のもの～」

携帯電話の普及が道迷い遭難増加の一因に

遭難事故の要因も、今と昔では大きく変わってきた。一九九〇年代は転滑落が大きなウエイトを占めていたが、二〇〇〇年前後から道迷いが急増。ここ最近はずっと遭難事故の最多要因となっている。二〇一四年の警察庁の統計では、全遭難者の四一・六パーセントにあたる一一六三人が道迷いによる遭難で、さらに滑落（五〇一人、一七・九パーセント）、転倒（四〇一人、一四・四パーセント）、病気（一八七人、六・七パーセント）と続く。転倒と病気による遭難事故が増えているのも近年の傾向であり、バランス感覚が低下し健康状態に不安を持つ中高年層の遭難者の増加とリンクしていることがうかがえる。

ちなみに一九七二年の統計を見ると、要因として最多なのは転落で二〇一件。以下、道迷い五十一件、落石四十一件、病気・疲労三十四件、雪崩二十件、転倒八件となっている。転落事故が圧倒的に多く、落石事故もかなりの件数にのぼっているのは、アルパインクライミングがまだ盛んなころだったからだろう。

今、道迷いによる事故がこれほど多くなっているのは、山登りの基本が身についていない登山者が増加していることの表われだと思う。山では道に迷わないようにするために、地図とコンパスで現在地を確認しながら行動するのが原則である。それをしっかり行なっていれば、まず道に迷うことはない。道に迷ったとしても、「たどってきたルートを引き返せ」という鉄則を実践すれば、必ず正しいルートにもどることができる。

ところが、登山の基本中の基本であるこれらがなされていないから、いとも簡単に道に迷ってしまうし、それを修正できずにどんどん深みにはまり込んでいってしまう。

そしてもうひとつ、道迷い遭難が多発する要因として見逃すことができないのが携帯電話の普及である。長野県警山岳遭難救助隊の宮﨑茂男隊長は、『山歩みち』二〇一五年夏号のインタビュー記事で次のように述べている。

〈以前なら道に迷ったりしても自力で何とか下山していたのに、今は困ったらすぐに警察に電話してしまう。しかも、「助けてほしい」ではなく、「道に迷った。どうすればいい？」と聞いてくる登山者がいるんです〉

まだ携帯電話がなかった時代、山中での唯一の連絡手段はアマチュア無線だった。しかし、無線機を携行していたのは厳しい雪山などを目指す一部の登山者に限られ、主に無雪期の一般登山を楽しんでいる登山者層までには広く普及しなかった。万一、無線機を持たない登山者が遭難してしまった場合は、動ける仲間が下山するか（あるいは最寄りの山小屋に駆け込むか）、通りかかったほかの登山者に伝言を託すかして一報を入れるしかなかった。このため、道に迷ってもそう簡単に救助を要請することはできず、自分たちでどうにか解決するしかなかったわけである。

ところが今は携帯電話が普及し、通話エリアもどんどん広がっていて、山中でも容易に通話ができるようになった。そのことが道迷い遭難の増加に反映されているのは間違いないだろう。これは道迷いに限ったことではなく、遭難事故件数そのものが年々増える一因にもなっている。

宮﨑隊長は、「携帯電話が通じやすくなったのは、救助・捜索活動がスムーズに行なえることにつながるので大歓迎」としながらも、こう釘を刺す。

〈「山でも電話が通じるから」と携帯電話頼りの発想になり、計画や準備が甘かったり、やるべきことを怠ったりするのは違うんじゃないかと。山のなかで警察に電話して情報をもらおうとしたり、判断を仰ぐのは、やはり安易だと言えます〉

道に迷ったときに引き返せない心理

さて、山で道に迷ったとき、あるいはルートを間違えたときには、どこかの時点で「あれ、おかしいぞ」と感じるはずであり、そこからたどってきたルートを引き返していけば、まず道迷い遭難に至ることはない。しかし、その「引き返す」ということがなかなかできない。登山の経験がある程度豊富な人でも、「迷ったら引き返す」ことが鉄則だとわかっているのに、まるでなにか吸い寄せられるようにして、そのまま道なき沢へと入り込んでいってしまう。

このことについては本書単行本の「あとがき」でも触れたが、その後、災害・リスク心理学を専門とする心理学者・広瀬弘忠氏に取材する機会があり、遭難事故を引き起こす登山者の心理について話を伺った。記事は『山と溪谷』二〇一四年三月号に掲載されているが、そのなかから道迷いに関する記述を以下に抜粋する。

まず、「なぜ引き返せないのか」についてだが、引き返すというのは労力を二倍かけながらスタート地点にもどることであり、そういうリスクの回避の仕方はなかなかとれないものだからだという。冷静に考えれば、引き返すことがいちばん安全で確実な方法であるはずなのだが、時間的制約や焦り、体力の消耗などもあって、そこへ思いが至らない。つまり、今までかかったコストと、これからかかるであろうコストを正当に評価できないわけである。とくに体力が低下している中高年登山者は、なかなか引き返す決断ができない。体力のある若者なら、「仕方ないな。引き返すか」という判断ができても、体力に余裕のない中高年は余計な体力を使いたくないから、ついつい易きに流されてしまう。

しかも、これからかかるであろうコストは、まったく未知であるにもかかわらず、どうしても過小に評価しがちになる。人は、それまでにかけてきたコストが大きければ大きいほど、これからかかるであろうコストを相対的に小さく考える傾向にある。来た道を引き返してまた最初からやり直すコストに比べたら、強引にでも下ってしまうコストのほうが小さいはずだと思ってしまうのだ。

また、もともと人間は楽観的にできており、物事を悲観的ではなく楽観的にとらえる傾向にある。だから今の状況がよくなるのか悪くなるのかを考えたときも、なるべく自分の都合のいいように考えたがる。この楽観主義バイアスが働き、「ここから引き返したほうがいいな」ではなく、「このまま下っていってもなんとかなるだろう」と思ってしまう。これから直面するであろう危険や責任を、未来に預けてしまうのだ。

さらにそこへ正常性バイアスも作用する。正常性バイアスというのは、ある程度までの異常を異常と感じず、正常な範囲内のものとして処理する心のメカニズムのこと。正常性バイアスは、過度の緊張によって心に余計な負担をかけるのを防ぐ一種の安全装置のようなものなのだが、山に行ったときにこの正常性バイアスが働いていると、リスクを敏感に感知する妨げとなり、それを回避するチャンスを失してしまうことになる。

そもそも人間は決断したくない動物だという。なにかを決断して行動に移すときには、常に不安とコストがついてまわるので、なるべくそれを先送りにしようとする。しかし、山岳地のようなリスクの高い場所・状況では、やらなければならないことを先送りにすると、どんどんリスクが積み重なっていくことになる。そのリスクがある程度の大きさになると、負荷に耐えられない状況になってきて、最後には重大な事故が引き起こされてしまう。

「楽をしたい」「面倒くさい」「どうにかなるだろう」などなど、引き返すことを妨げる心理はさまざまだ。だが、決断を迫られている場面で最も重要になってくるのは、「今ここでやらなかったら、いつやるんだ」ということ。山では「今やるべきことは先延ばしせずに今やる」ことがリスクの回避につながっていく。

もしあなたが山を歩いているときに、「あれ、この道でいいのかな」と思ったら、それはもう決断を迫られている状況なのである。「もうちょっと進んでみて様子を見ようか」とは思わずに、即刻その場から引き返すべきだ。

人は誰もが「自分は安全だ」「自分は守られている」と思いたがるものだという。それは山に行ったときでも同様で、多くの登山者が「遭難事故は他人事」「自分は遭難しない」と思っている。

だが、現実は思っているほど安全ではない。それは年々増加し続ける遭難事故統計を見ても明らかだ。山ではいつ自分が遭難事故の当事者になってもおかしくはない。まずはそれを認識することが、遭難しないための第一歩となるのである。

＊本書は二〇〇六年一月三十日に山と溪谷社より刊行された『ドキュメント　道迷い遭難』を文庫版に改めたものです。
＊本文中の山小屋や団体、地方自治体の名称、個人の役職などは当時のままとしました。

ドキュメント　道迷い遭難

二〇一五年十月一日　初版第一刷発行
二〇二三年五月十五日　初版第九刷発行

著　者　羽根田 治
発行人　川崎深雪
発行所　株式会社　山と溪谷社
郵便番号　一〇一―〇〇五一
東京都千代田区神田神保町一丁目一〇五番地
https://www.yamakei.co.jp/
■乱丁・落丁、及び内容に関するお問合せ先
山と溪谷社自動応答サービス　電話〇三―六七四四―一九〇〇
受付時間／十一時～十六時（土日、祝日を除く）
メールもご利用ください。
【乱丁・落丁】service@yamakei.co.jp　【内容】info@yamakei.co.jp
■書店・取次様からのご注文先
山と溪谷社受注センター　電話〇四八―四五八―三四五五
ファクス〇四八―四二一―〇五一三
■書店・取次様からのご注文以外のお問合せ先　eigyo@yamakei.co.jp

フォーマット・デザイン　岡本一宣デザイン事務所
印刷・製本　株式会社暁印刷

定価はカバーに表示してあります

Printed in Japan ISBN978-4-635-04788-3

ヤマケイ文庫の山の本